老後不安を解消して、未来へ投資する!

How to Use a Life Plan to Make More Money

ライフプランから考える『お金の増やし方』

大竹のり子 著

ナツメ社

はじめに

伸び悩む収入、止まらない物価上昇、公的年金への不安……。私たちのまわりには、お金の不安がごろごろ転がっています。一方で、「もっとお金を貯めないと」「投資をしたほうがいいのかな」と思っているものの、何からどのように始めるのが正解なのかがわからないという声もよく聞きます。今の時代、ＹｏｕＴｕｂｅでも書籍でも情報があふれているのに「正解がわからない」のはなぜでしょうか。

その鍵を握っているのが、本書のタイトルにもある「ライフプラン」です。今の仕事を続けるのか、結婚や出産はしたいのか、老後までにいくらあったら安心なのか――。こうした、未来にどんな生活を送りたいのかというライフプランなくしてあなた自身の「正解」は見えてきません。

幸いにも、今はお金を貯めるための選択肢がたくさんある時代です。副業をしたり、不用品をメルカリで売ったりして収入を増やす

こともできます。少額から投資にチャレンジすることもできます。NISA(ニーサ)やiDeCo(イデコ)といった投資を後押しする制度も充実しています。2024年から新NISAも始まります。自分の未来に思いを馳せ、ライフプランとして金額に落とし込むことさえできたら、後はこうした選択肢を活用しながら貯めて、コツコツ増やすだけ。理想とする未来は放っておいても向こうからやってきます。

本書は、ライフプランから自分に合った「堅実なお金の増やし方」を見極めるための本です。少しでもあなた自身が正解を見つけるヒントになるようにと、知識や制度の解説はもちろん、さまざまなモデルケースによるシミュレーションをたくさん紹介しています。

一度きりの人生。不安とばかり向き合って生活するのはもったいない！　本書が、あなたをお金の不安から解放し、自分らしい未来に向かって一歩を踏み出すきっかけとなることを願っています。

株式会社エフピーウーマン代表取締役
大竹のり子

老後不安を解消して、未来へ投資する！

ライフプランから考える　お金の増やし方

第1章
あなたの人生に必要なお金はいくら？

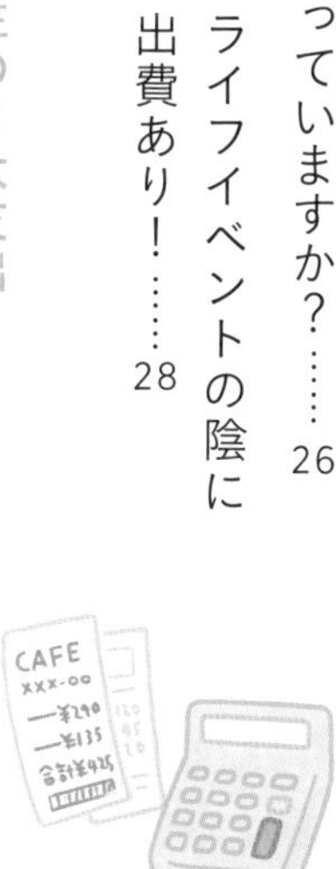

第2章 家計の見直し&将来受け取るお金を知る

第3章 投資の基礎を学んで堅実にお金を増やす

第4章 初心者には低リスクの「投資信託」がおすすめ

第5章 つみたてNISAで投資を始めよう

第6章 iDeCoで老後資金を賢く準備しよう

第7章 ライフプランに合わせて投資をシミュレーション

＊本書は、2023年6月現在の情報に基づいて作成したものです。
＊掲載しているケース事例やシミュレーション結果の数値は、あくまでも試算であり、参考情報のひとつとしてご確認ください。

序章

お金に困らない人生を実現しよう

自分らしい人生を実現していくためには、必要なお金を自分で作り、守って、増やすことが肝要です。お金との付き合い方や、投資の知識を学ぶことで、“お金の教養”を高めていき、お金を人生の味方につけていきましょう。

01

「人生100年」のこれから

人生を自由にデザインしよう

＼ Message ／

価値観が多様化しているからこそ、人生をどうデザインするかは自分次第だよ。

昨今、「人生１００年時代」という言葉をよく見かけるようになりました。学校を卒業したら就職して、年頃になったら結婚して、マイホームを購入し、子どもを育て、定年退職したら悠々自適の年金生活という、多くの人に共通するライフコースが存在したのはもはや昔の話。今は、働き方も、家族のあり方も、人生に対する価値観も多様化しています。

加えて日本は世界に誇る長寿大国。厚生労働省（２０２１年）のデータによれば、日本人の平均寿命は男性が81・47歳、女性が87・57歳。男女ともに世界一の水準となっています。私たちに残された人生は、あと50年以上あるかもしれません。

「人生１００年時代」の自分の人生を、どんなふうにデザインするかはあなた次第。せっかくなら漫然と日々を過ごすだけではなく、自分らしい人生を実現しませんか。

用語　「人生100年時代」は書籍『LIFE SHIFT100年時代の人生戦略』で提唱された言葉。2007年に日本で生まれた子の半数が107歳より長く生きると推計された。

思ったより人生は長いかも……

一昔前なら年金生活を送っていたであろう60～70歳代でも、現役で仕事を続け、趣味やボランティアにも精を出す人が増えています。

平均寿命の推移

戦後は一貫して、上昇傾向が続いています。

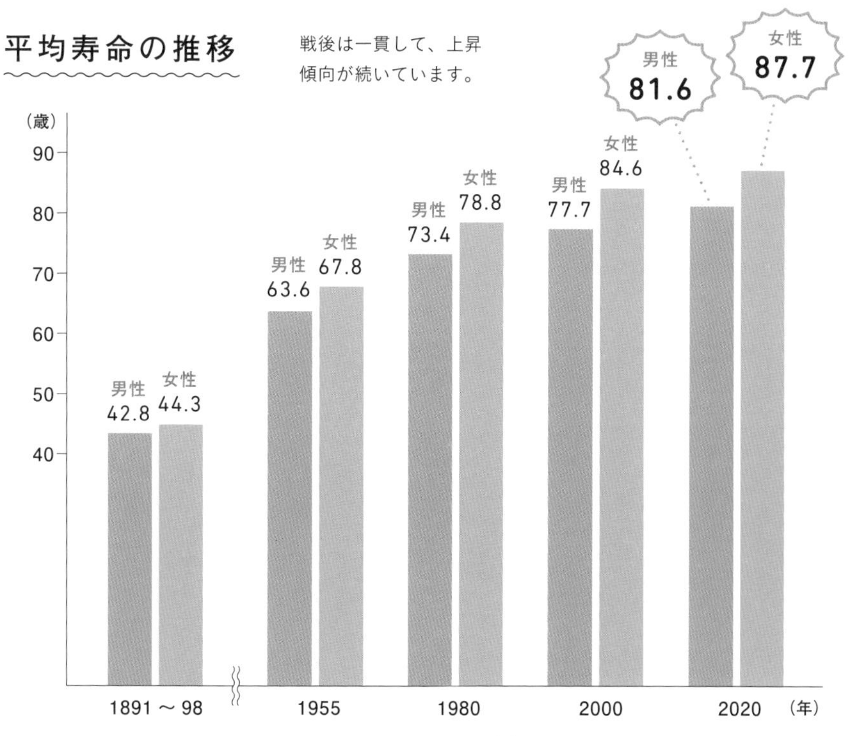

厚生労働省「第23回生命表（完全生命表）」をもとに作成。

覚えておこう

「健康寿命」も男女ともに70歳を超えている

健康上の問題で日常が制限されずに生活できる期間を指す「健康寿命」。厚生労働省（2019年）のデータによると男性は72.68歳、女性は75.38歳で、平均寿命との差が男性は約9年、女性は約12年あります。この差をどう埋めるかが個人にとっても社会にとっても課題といえます。

GOAL

02

「人生100年」のこれから

必要なお金は作る・守る・増やす

Message

人生をデザインするのに必要なお金は、お金にも働いてもらって作り出そう。

人生を自由にデザインするというと「そんなお金の余裕はない」「老後の最低限のお金でさえ足りるか心配……」と思うかもしれません。

その気持ちはとてもよくわかります。銀行預金に預けても利息は雀の涙。収入はなかなか増えないし、物価は上がるし、公的年金にも期待ができません。でも嘆いていても始まりません。こんな時代だからこそ、自分の人生に必要なお金は、自分で作り、守って、増やしましょう。

幸いにも今は政府によって「貯蓄から投資へ」というスローガンが掲げられ、資産運用や投資が国策として推奨されています。その象徴といえるのが、NISA（ニーサ）（少額投資非課税制度）やiDeCo（イデコ）（個人型確定拠出年金）です。こうした制度を味方につけ、投資を通じてお金に働いてもらえば、「お金が足りない」という人生のリスクを減らすだけでなく、人生を自由にデザインするための資金を作ることも夢ではないのです。

3つの手段でお金を用意

お金を
作る

会社員、フリーランスといった働き方やスキルによって収入やお金のもらい方が変わります。

お金を
守る

先取り貯蓄（→ P82）や保険などでお金を貯める一方、無駄遣いをしないよう家計を管理します。

お金を
増やす

投資などの資産運用によってお金に稼いでもらうことができます。預貯金の利息もこのひとつです。

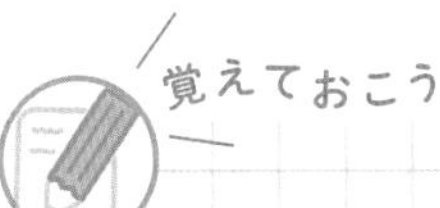

「貯蓄から投資へ」の背景には……？

政府が投資を積極的に優遇する背景には思惑もあります。収入の伸び悩みや公的年金の財源不足を補うために、自助努力でお金を準備してもらおうというのがそのひとつ。また、預貯金として眠っているお金が株式市場に流れることによる景気の押し上げ効果も期待されています。

03

「人生100年」のこれから

学校でも「資産形成」「投資」を学ぶ

Message

以前は学校で習わなかった「投資」の知識。学ぶのは今からでも遅くない。

2022年4月から高校で「金融教育」、つまり「お金」について勉強することが必修化されました。なかでも注目したいポイントが2つあります。

1つは、今回、金融教育が必修化されたのが家庭科の授業であるということ。つまり、〝経済社会のしくみ〟としてではなく、〝これからの社会で生活していくための知識〟として金融を学ぶ、ということです。

そしてもう1つが、ズバリ、積極的な資産形成についての内容が盛り込まれている、ということ。大人でも投資について「リスクがあって怖い」「ギャンブルと同じ」と思っている人は少なくありません。そんななかにあって、全国一律で高校生が資産形成について学ぶようになる――これは時代が大きく変わりつつあることを示唆しているように思います。

これからの世代の誰もが学ぶお金や投資の知識。私たちオトナ世代も負けてはいられません。自分の将来のために自ら学んでいきましょう。

用語　「資産形成」とは、現金や不動産といった資産がほとんどない状態から、貯蓄や投資などでまとまった金額へと増やしていくこと。

日本人の金融リテラシーは？

2019年の「金融リテラシー調査」によると、金融知識の正答率などは日本が海外の主要国に比べ低いことがわかります。

OECD調査との比較結果

金融知識に関する共通問題の正答率や、望ましい金融行動・考え方を選択した人の割合を比較しています（日本が最低割合のところを強調）。(%)

	日本	英国	ドイツ	フランス
知識（5問平均）	**60**	**63**	**67**	**72**
金利	69	57	64	57
複利	44	52	47	54
インフレの定義	62	80	87	87
リスクリターン	77	74	79	87
分散投資	47	52	60	75
行動（4問平均）	**65**	**68**	**82**	**85**
商品購入時の資金的余裕の確認	72	69	82	93
支払期限の遵守	84	84	96	95
お金に関する長期計画の策定	48	45	61	61
お金の運用や管理への注意	56	75	87	89
考え方（2問平均）	**45**	**49**	**57**	**58**
消費より将来の備えを重視	35	44	49	48
その日暮らしの回避	56	53	65	68

金融広報中央委員会「金融リテラシー調査 2019年調査結果」をもとに作成。

だから金融教育が求められているんだね

用語 「金融リテラシー」とは、金融や経済、つまりお金にまつわる知識や判断力のことを指す。

お金の
不安
ゼロへ

お金は「自分を映す鏡」

＼ Message ／

価値を感じられるものに意識的にお金を使うと、生活の満足度がアップするよ。

お金に困らない人生の実現には、お金と上手に付き合うことが不可欠。あなた自身が「価値がある」と感じられるものにちゃんとお金を使えることが、日常生活や人生の満足度向上につながります。

お金は、あなたを映す鏡です。どんなものに、どんな頻度で、いくら使っているかを見れば、あなたの日常生活がそのまま浮かび上がってきます。大雑把な使い方をしているか、細かい使い方をしているかで、性格や人間性も丸見えです。

もし現状、「意外と外食費がかさんでいるなぁ」「コツコツ節約をしていたのに衝動買いをして帳消しになってしまった」など、自分が意図しない使い方をしているのであれば、それはお金と上手に付き合えている状態とはいえません。自分が本当に価値を感じられるものに意識的にお金を使い、そうでないものは出費を抑える。このメリハリが大事なのです。

お金の使い方をチェック

1週間分、1ヵ月分のレシートをとっておいてまとめて見直すと、自分のお金の使い方や日々の過ごし方を客観的に見ることができます。

CHECK!　自分に当てはまる項目をチェックしてみましょう。

- □ 買い物に行くと、つい余計なものを買ってしまう
- □ 安売り商品を見つけるとまとめ買いをする
- □ セール品を買わないのは損だと思う
- □ 何となくコンビニや100円均一ショップに立ち寄る
- □ ほとんど使っていないのに加入しているサブスクがある
- □ 近距離でも、ついタクシーを使ってしまう
- □ 外食をしたり、総菜を購入したりすることが多い
- □ 衝動買いや飲み会でストレスを発散している
- □ 自分の貯蓄額やクレジットカードの支払金額・支払日がわからない
- □ 少しぐらいのキャッシングなら問題ないと思う
- □ ギャンブルはしないけれど、宝くじは買う

当てはまる項目が多いほどお金の「生活習慣病」の疑いあり！

覚えておこう

お金にも「生活習慣病」がある

体の歪みを矯正しても最初はすぐ元に戻ってしまうように、お金の使い方を矯正するのも簡単ではありません。なぜなら今のお金の使い方は長年の「お金の習慣」の結果だから。自分のお金の使い方と一つひとつ向き合うことが、こうしたお金の「生活習慣病」の克服につながります。

05

お金の不安ゼロへ

お金は「お金が好きな人」に集まる

Message

お金に好かれたいなら、まずは自分がお金を好きになろう。

「お金に好かれる人」、つまりお金が貯められる人には、あるひとつの共通点があります。それは、「お金が好きな人」であるということ。

人間関係と一緒で、相手から好きになってもらうには、自分が相手を好きであるということがとても重要です。もし「お金が好きだなんてなんだか卑しい感じがする」「お金がたくさんあるとかえって不幸になる」といったネガティブなイメージを持っているなら、まずはそういったイメージを捨て、自信を持って「お金が好き」といえる自分になりましょう。

本来、お金はただの「道具」でしかありません。包丁が、料理するのに欠かせないものにも人の命を奪う凶器にもなり得るのと同じで、お金という道具をどのように使うかはあなた次第です。お金に対して少しでもネガティブなイメージを持っているなら、まずは、お金をあなたの人生に幸せをもたらす道具として好きになることから始めましょう。

よくも悪くも、使い方次第

生き金

生活に必要なお金、自分の成長につながるお金、家族のために使うお金など。新たな価値を生み、自分の人生にプラスになる使い方。

BAD

死に金

必要のない贅沢やギャンブル、今も将来にも役立たない余計な出費などの使い方。貯めているだけで使わずじまいのお金を指すことも。

気をつけよう

お金の貯まらない人に共通する「言い訳」

お金の貯まらない人にも多く見られる共通点があります。それは、「お金が貯まらない理由を収入のせいにしがちである」ということ。

多くの家計を見ていると、収入がそれほどなくても「こんなに!?」と思うほどお金を貯めている人もいれば、収入が高くても全然貯蓄のできない人もいます。収入は、お金が貯まらない理由にはならないのです。

06

お金の不安ゼロへ

〝お金の教養〟を身につけよう

Message

“お金の教養”をバランスよく高めることが、お金に困らない人生への近道だよ。

日々の生活や人生と切っても切れない「お金」。そのお金を人生の味方につけていくためには、〝お金の教養〟を高めることが必要です。

〝お金の教養〟とは、お金に困ることなく、自分らしい人生を送るために必要な「教養」のこと。

その範囲は節約や投資のテクニックだけではありません。考え方に始まり、貯め方、使い方、稼ぎ方、増やし方、維持管理、社会還元という7つの要素をバランスよく高めていくことが、将来への不安の解消はもちろん、本当の意味での豊かさにつながります。

「節約してお金を貯めるのは得意だけど投資は怖い……」「稼ぐのは得意だけどついつい浪費してしまう」など得手、不得手はあって当然ですが、できる限りバランスよくこれらの「教養」を高めていきましょう。

心配しなくても大丈夫。次の章から一緒に楽しく学んでいきましょう。

お金の教養、7つの要素

1	THINK 考え方	物事の本質をつかむ 理想を持つ
2	SAVE 貯め方	収入、支出の管理を 習慣化する
3	SPEND 使い方	投資・消費・浪費を 見分ける
4	EARN 稼ぎ方	自身のスキルアップを 収入につなげる
5	INVEST 増やし方	お金に働いてもらう しくみを作る
6	MANEGE 維持管理	創り上げた資産を 保ち続ける
7	DONATE 社会還元	お金や経験を社会に 還元する

GOAL

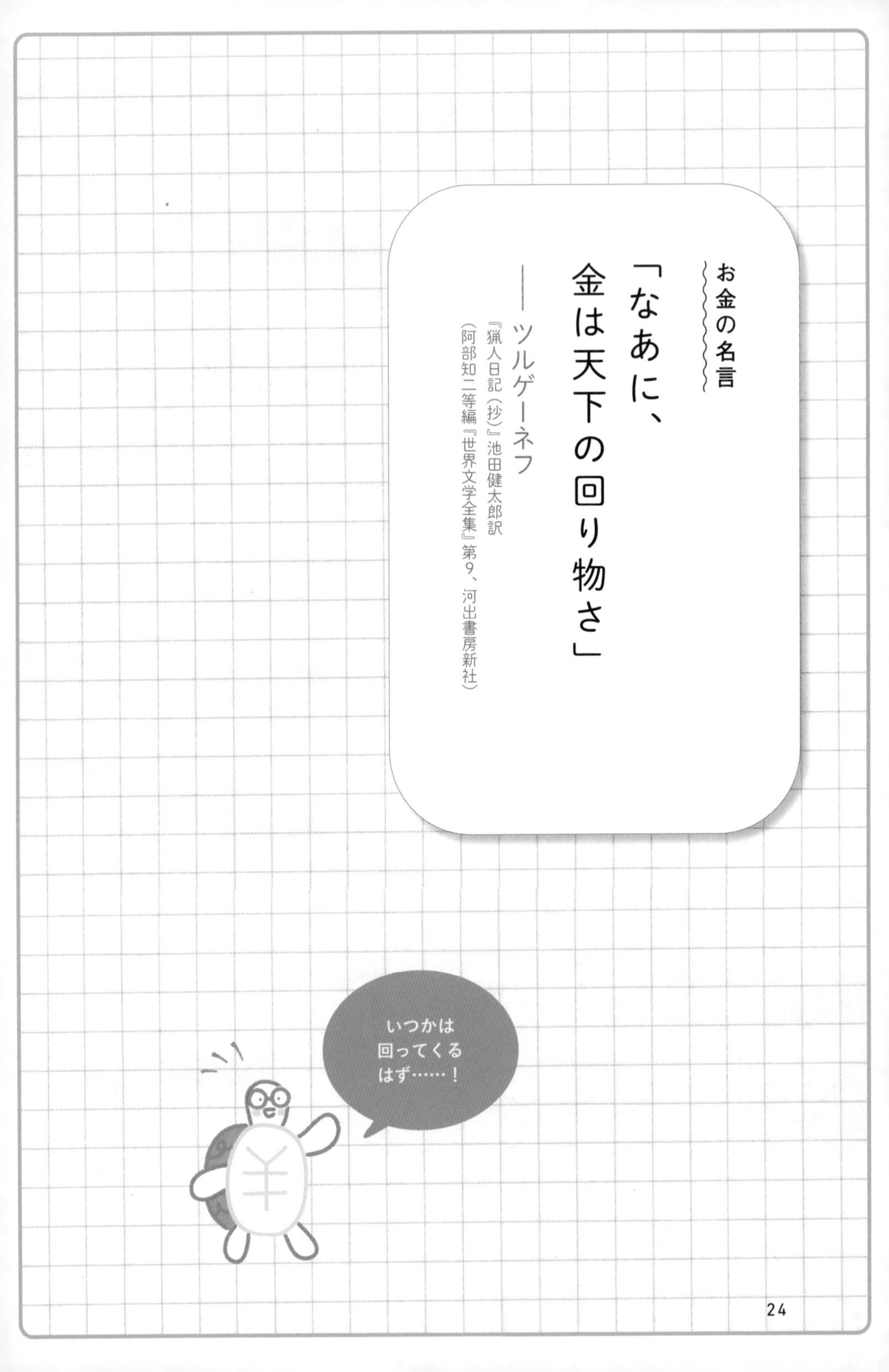

お金の名言

「なあに、金は天下の回り物さ」

――ツルゲーネフ

『猟人日記（抄）』池田健太郎訳

（阿部知二等編『世界文学全集』第9、河出書房新社）

第1章

あなたの人生に必要なお金はいくら？

結婚、出産、独立、転居……、これからの人生で想定されるライフイベントは、人それぞれ。かかるお金も一人ひとり違います。まずは今の時点での理想の人生を具体的に描いてみて、そのために必要なお金を予測してみましょう。

07

ライフプランを描く

「人生の3大支出」を知っていますか？

＼ Message ／

自分の人生で想定されるライフイベントとその金額をイメージすることが第一歩！

就職、留学、結婚、出産、転勤、マイホーム購入、退職……こうした人生における大きな転機を「ライフイベント」と呼びます。ライフイベントにはさまざまなものがあり、それぞれ必要なお金も異なります。なかでも「人生の3大支出」と呼ばれ、大きな支出となるのが「住居費」「教育費」「老後の生活費」です。

とはいっても、それぞれにかかる金額は人それぞれ。実家を改装して同居するのと、都心のタワーマンションでは、一生にかかる住居費は数千万円単位で違ってきます。教育費についても、すべて国公立に通うのと、海外留学したり私立大学の医学部や薬学部に進学したりするのとでは、2～3倍、場合によっては10倍の差が出るかもしれません。まずは人生においてどんなライフイベントを予定しているのか、それぞれにどのくらいのお金が必要なのか、イメージを具体化するところから始めましょう。

将来のライフイベントを予測

自分が将来どう生きていきたいかを考えることで、この先のライフイベントやそのために必要なお金を把握しやすくなります。

就職

月収いくらあれば
一人暮らしできる？

留学

1年留学するなら
いくら必要？

貯蓄がないと
結婚できない？

出産

いくら給付金が
もらえる？

マイホーム購入

住宅ローンは
いくらまで借りて
OK？

転勤

単身赴任？
それとも家族で
引っ越し？

退職

老後の生活費は
何千万円必要？

GOAL

08

ライフプランを描く

ライフイベントの陰に出費あり！

＼ Message ／

ライフイベントには出費がつきもの。大なり小なりまとまったお金がかかるよ。

ライフイベントにはまとまった出費がつきもの。「人生の3大支出」である住居費、教育費、老後の生活費以外でも、ライフイベントには大なり小なり、日常の生活費とは別のお金がかかります。

たとえば「ゼクシィ結婚トレンド調査２０２２」によれば、挙式、披露宴・ウエディングパーティーの総額平均は３０３・８万円となっています。

出産についてはどうでしょうか。厚生労働省によれば、２０２１年度の入院分娩にかかる費用の全国平均は46・7万円。ここに妊娠中の検診費用やマタニティグッズ、産前産後の準備品なども加わることになります。

また、生命保険文化センターによると、※介護にあたって一時的に必要になった費用は平均74万円。毎月の費用は平均8.3万円となっています。ちなみに介護を行った期間（介護中の人は経過期間）は平均5年1ヵ月。一時的な費用とは別に総額で５０６・３万円かかることになります。

※生命保険文化センター「生命保険に関する全国実態調査」（2021年度）

結婚にかかるお金をチェック!

挙式や披露宴のほか、指輪や新婚旅行の費用も結婚費用といえます。また、新生活に必要な費用も準備できると、安心して新生活に入れるでしょう。

結納・婚約〜新婚旅行までにかかった費用

	総額(全国の推計値)	371.3万円
主な項目別平均額※1	結納式	16.6万円
	両家の顔合わせ	6.6万円
	婚約指輪	35.8万円
	結婚指輪(2人分)	26.1万円
	挙式・披露宴等	303.8万円
	新婚旅行	29.6万円

「ゼクシィ結婚トレンド調査2022調べ」をもとに作成。

※1 項目別平均額は、費用が発生した人の平均額。各項目の合計は総額とは一致しない。

結婚生活準備費用

インテリア・家具、家電製品の平均購入金額※2	59.0万円

「新婚生活実態調査2020(リクルートブライダル総研調べ)」をもとに作成。

※2 「インテリア・家具」「家電製品」のいずれか、または両方を購入した人の平均購入金額。

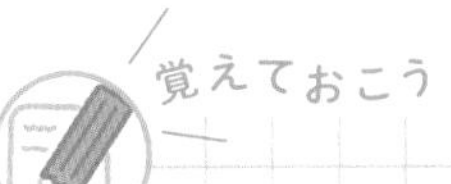

「もらえるお金」の存在も忘れずに

出費の話ばかりをしましたが、ライフイベントには「もらえるお金」もあります。結婚や出産のようなお祝いごとならご祝儀をもらえますし、出産時には出産育児一時金として原則50万円※3がもらえます。妊娠中の検診費用にも自治体の助成があります。こうした「もらえるお金」を相殺した金額が実際の出費になるということを覚えておきましょう。

※3 公的保険制度から支給。2023年4月から、従来の42万円から50万円に引き上げられた。

09

人生の
3大支出

マイホームと賃貸、正解はどっち？

＼ Message ／

人生100年時代では、賃貸よりもマイホームに軍配が上がる可能性が高そう。

マイホーム（持ち家）の最大のメリットは、住宅ローンを完済してしまえば住居費の負担が一気に軽くなるということ。とはいえ、固定資産税が毎年かかりますし、メンテナンスや修理代も自分持ちです。一方の賃貸のメリットは、ライフステージに合わせた住み替えのしやすさ。物件の選び方次第では常に新しい設備の整った住宅に住み続けられます。デメリットは、何といってもずっと家賃を払い続けなければならないということ。何十年家賃を払っても、その物件は自分のものにはなりません。

このようにマイホームと賃貸にはそれぞれメリット・デメリットがあり、一概にどっちが正解とはいえません。でも人生100年時代という前提に立つと、マイホームに軍配が上がる可能性は高そう。なぜなら最低でも20～30年続くであろう老後に、最大の固定費である毎月の住居費がかかるのとかからないのとでは、生活費の総額に数千万円以上の差が開くからです。

長生きするほど、マイホームが有利

賃貸とマイホーム、どちらにもメリット・デメリットがありますが、
老後の住居費を考えると、持ち家であることの恩恵は大きくなります。

マイホーム

〇メリット

住宅ローン完済後は住居費負担が一気に軽くなる

△デメリット

一般的に、長期の住宅ローンを背負うことになる

賃貸

〇メリット

仕事や収入、家族の状況などに応じて住み替えがしやすい

△デメリット

生涯にわたって毎月住居費がかかる

老後（65～90歳までの25年間）の毎月の住居費の総額は……？

マイホームの場合

0円

＊別途、固定資産税のほか、リフォーム費用等はかかります。

家賃の場合（例）

月8万円×25年＝2400万円

長生きするほどメリットが大きくなる

住居費だけで老後に必要とされる2000万円をオーバー！

10

人生の3大支出

住宅ローンと賢く付き合う

Message

住宅ローンは年収の数倍に及ぶ大きな借金。しっかり比較して慎重に選ぼう。

住宅ローンは多くの人にとって人生最大の借金です。この借金とどう付き合っていくかはライフプランを考えるうえでとても重要です。

まず、老後により大きな恩恵を受けるためには、少しでも早く購入し、老後までに完済できるように住宅ローンを組むのが理想です。また、金利も、団体信用生命保険の保障も、商品によって千差万別。「不動産会社と提携しているから」という理由だけではなく、条件を細かく比較したうえで慎重に選びましょう。3000万円の住宅ローンを35年の元利均等返済で組んだ場合、金利が0.5%なら総返済額は約3271万円、金利1.0%なら3557万円。0.5%の差で、約286万円もの差が出るのです。

繰り上げ返済は無理して頑張る必要はありません。なぜなら住宅ローンの金利は教育ローンなどと比べても圧倒的に安いから。繰り上げ返済する代わりに貯蓄に余裕を持つことでその他の出費に対応がしやすくなります。

いくらの物件を購入できる？

手持ちの貯蓄と、住宅ローンの返済金額を合わせた額が、物件価格の（上限）目安。“無理なく払える”ローン返済金額にすることが大切です。

POINT

毎月のローン返済額は手取り月収の25％まで

手取り月収が35万円なら、毎月の返済額は8万7500円までにしましょう。

POINT

退職までにローンを完済

可能であれば退職して収入が減る前に完済できる年数でプランを組みます。

POINT

金利の上昇も考えておく

変動金利（→P34）を選ぶなら、金利上昇時の返済額の増額も考慮しましょう。

POINT

いざというときの蓄えは残す

貯蓄の大半を頭金にするのはNG。病気や失業などに備えて、ある程度の貯蓄は残しましょう。

気をつけよう

「借りられる額」と「借りてもよい額」は違う

住宅ローンを組む際に意識してほしいのが「予算」です。ときどき「住宅ローンが借りられるのは年収の5倍」といった話を耳にしますが、借りられることと無理なく返済できることはイコールではありません。

大事なのは、毎月いくらまでなら無理なく返済できるか、ということ。住居費の目安は、毎月の手取り月収の20％、多くても25％。住宅ローンを組む際には、毎月の返済額がこの範囲に収まるようにしましょう。

3タイプの金利を知ろう

住宅ローンの金利は、下の3タイプに大きく分けられます。それぞれの特徴を知って、自分に向いたものを選びましょう。

変動金利型

金利上昇に
対応可能な人向き

市場金利の変動に伴い金利を見直す。多くの場合、5年ごとに毎月の返済額の見直しがある。

〇 メリット

3タイプのうち、最も金利が低い。

△ デメリット

将来の返済額や返済総額が見通せない。

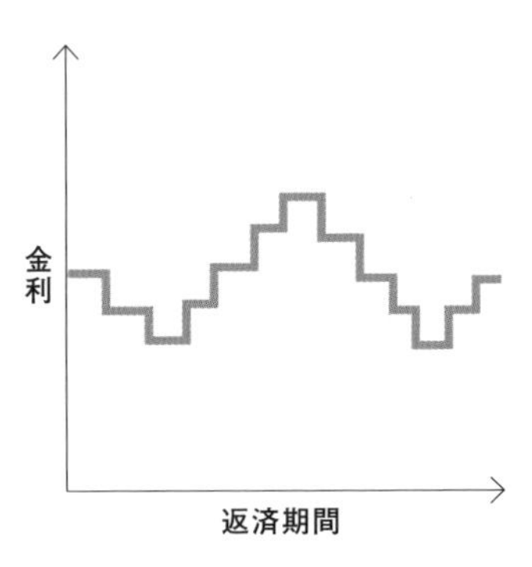

全期間固定金利型

安定重視で、
計画的に返済
したい人向き

契約時に全返済期間の金利が決まる。市場金利が変動しても、金利や毎月の返済額は変わらない。

〇 メリット

借入時に毎月の返済額や返済総額が確定する。

△ デメリット

3タイプのうち、最も金利が高い。

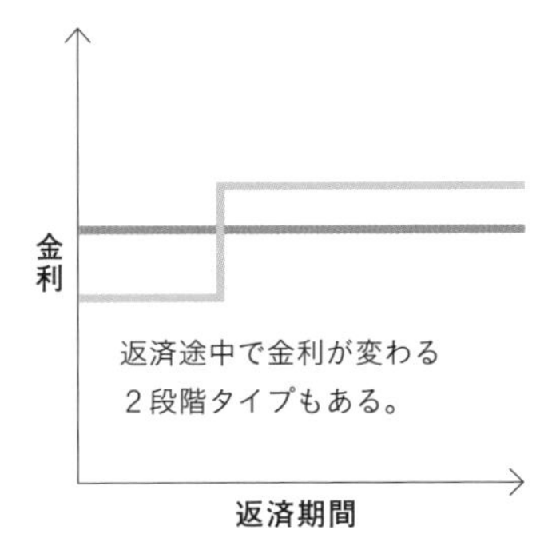

固定金利選択型

目先の返済額を
抑えたい人向き

「当初10年」など一定期間は金利が変わらない。その後は固定か変動か選択する。

〇 メリット

一定期間は返済額が確定する。全期間固定金利型より当初は低金利。

△ デメリット

固定期間終了後の金利が見通せない。

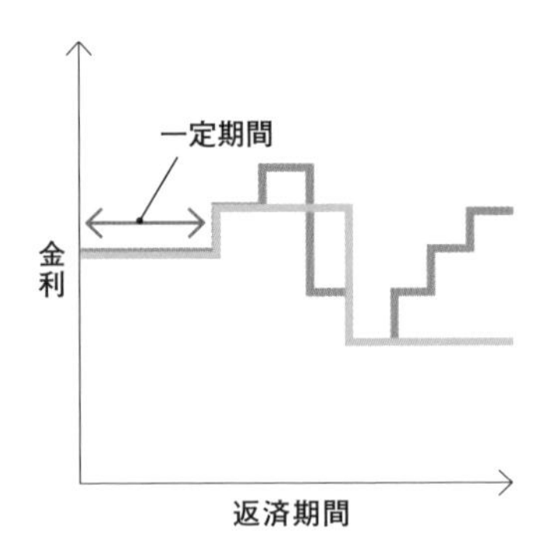

物件価格のほかにもお金がかかる

マイホームを購入すると、物件価格に加えて、税金や手数料などの諸費用がかかります。これらは頭金とは別に準備が必要です。

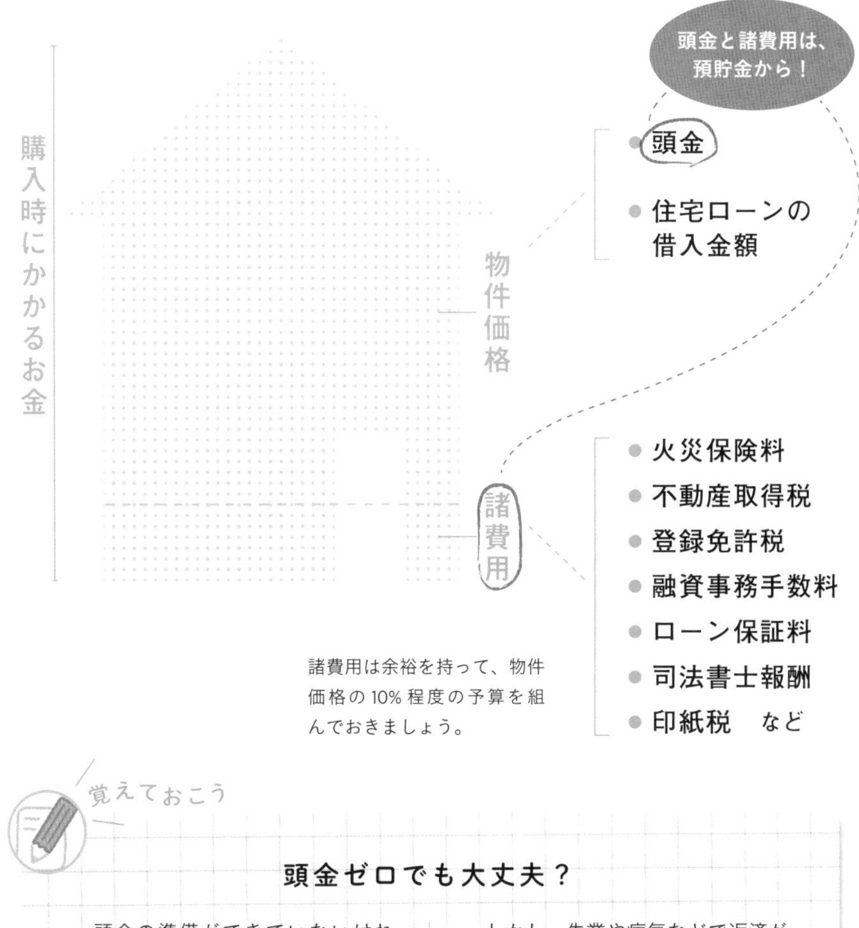

諸費用は余裕を持って、物件価格の10％程度の予算を組んでおきましょう。

覚えておこう

頭金ゼロでも大丈夫？

頭金の準備ができていないけれど、「理想的な物件とめぐりあえた」「低金利の今がチャンス」といった理由から、頭金なしでローンを組む人もいます。

しかし、失業や病気などで返済ができず売却したいと思っても、ローン残高のほうが多いと売るに売れません。最低でも1割程度の頭金は用意するのが理想です。

人生の3大支出

過剰な教育費で、親も子も不幸に!?

＼ Message ／

「教育費沼は底なし沼」。過剰に投資してライフプランが崩れないように注意。

子どもの教育費は、幼稚園から大学まですべて国公立の学校に通った場合で1人あたり約1000万円といわれます。私立に進学したり、子どもが複数いたりすればその分増えます。なかでも大学の費用は数年の間に集中して必要になるため、一朝一夕では準備できません。子どもが18歳になるまでに300万〜500万円を目標にコツコツと貯めていきましょう。

ポイントは、高校卒業までの教育費は、コツコツ貯めた分からではなく、毎月の生活費のなかでやりくりするということ。この段階で貯蓄を崩してしまっていては、大学の費用を捻出するのはより難しくなります。奨学金を借りると子ども自身のライフプランに影響しますし、老後の生活費などに手をつけることも将来的に子どもに迷惑をかける結果になりかねません。

「教育費沼は底なし沼」といわれます。教育費をかけすぎてライフプラン全体の軌道修正を迫られることのないように注意したいものです。

幼稚園～大学までの教育費（目安）

（単位：万円）

幼稚園	小学校	中学校	高校	大学	合計 ［（　）内は、大学に自宅外通学するときの合計］
公 47	公 211	公 162	公 154	国 481	1055 （1477）
公 47	公 211	公 162	公 154	私 756	1330 （1752）
私 92	公 211	公 162	私 316	国 481	1262 （1684）
私 92	公 211	公 162	私 316	私 756	1537 （1959）
私 92	公 211	私 430	私 316	国 481	1530 （1952）
私 92	公 211	私 430	私 316	私 756	1805 （2227）
私 92	私 1000	私 430	私 316	私 756	2594 （3016）

＊大学の私立は文系（690万円）と理系（822万円）の平均値。大学への自宅外通学費は422万円とする。

「令和３年度子供の学習費調査」（文部科学省）、「令和３年度教育費負担の実態調査結果」（日本政策金融公庫）をもとに作成。

覚えておこう

兄弟姉妹の教育費は、別々に準備しよう

子どもが２人、３人と複数いる場合には、教育費はそれぞれの子どもごとに銀行口座や名義を分けて貯めていきましょう。貯まるスピードも見える化できますし、「上の子の教育にお金をかけすぎて下の子の分が足りない！」といった事態の防止にもなります。

12

人生の3大支出

老後資金の目標額を決めよう

数年前、〝老後2000万円問題〟が大きな話題となりました。2000万円という金額を聞いて「大げさに言っているだけなのでは」と思っていた人もいるかもしれませんが、結論からいうと、人生100年時代を生きるうえではこれは決して多すぎる金額ではありません。

現在、老後生活を送っている人の1ヵ月の平均的な収入は、夫婦の場合で23万6576円。貯蓄の取り崩しが約1.9万円となっています。注目してほしいのは、夫婦世帯で約22・4万円、シングル世帯で約13・2万円という生活費（消費支出）。この生活費であなたが理想とする老後生活は送れるでしょうか？　老後の生活費を貯蓄するゴールは、「貯蓄が底を尽きず天寿を全うできる」ことではなく、「思い描いた生活が送れる」ことのはずです。そのためにもこうしたデータを参考にしながら具体的な数字に落とし込み、自分ごととして行動につなげていきましょう。

こうして計算しよう！

「理想とする老後生活の支出（月）」－「予測される老後の収入（月）」

＝毎月の不足額

毎月の不足額×12ヵ月×30年

＝老後資金の目標額

リタイア後の家計を見てみよう

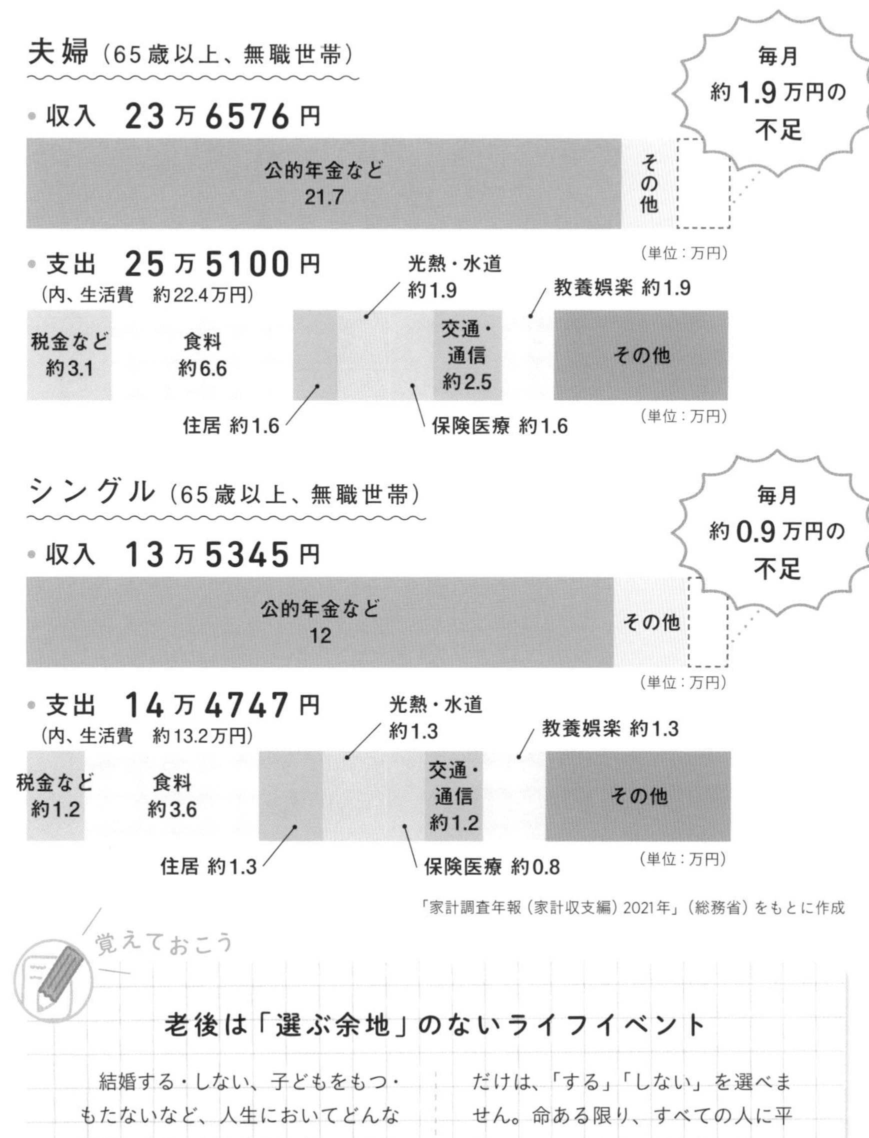

「家計調査年報（家計収支編）2021年」（総務省）をもとに作成

覚えておこう

老後は「選ぶ余地」のないライフイベント

結婚する・しない、子どもをもつ・もたないなど、人生においてどんな選択をするかはあなた次第。でも数あるライフイベントのなかでも老後だけは、「する」「しない」を選べません。命ある限り、すべての人に平等にやってきます。だからこそ、しっかりと備える必要があるのです。

13

ライフプランを立てる

「こうしたい！」を書き出そう

Message

理想の人生の設計は、「こうしたい！」を遠慮なく書き出すことから始まるよ。

さて、ここまで「人生の3大支出」に始まり、結婚や出産、介護にかかるお金まで、人生に必要なお金について平均的な金額を見てきました。でも、これはあくまでも世の中の平均にすぎません。大切なのは、あなた自身がどのような人生を理想とし、どのようなライフイベントを予定しているのかということ。平均額を準備できても、それが理想とする形ではなければ十分とはいえませんし、逆に平均額に届かなくても自分の理想が実現できていれば十分ともいえます。あなたの人生に必要なお金を算出するには、あなたの「こうしたい！」が不可欠なのです。

「庭でバーベキューができる一戸建てに住みたい」「年に一度は三世代揃って温泉旅行に行きたい」「心置きなく推しを応援する生活をしたい」。大きなことから小さなことまで、どんなことでもOKです。まずは「こうしたい！」を遠慮なく言語化してライフプランを考えていきましょう。

マインドマップで将来をイメージ

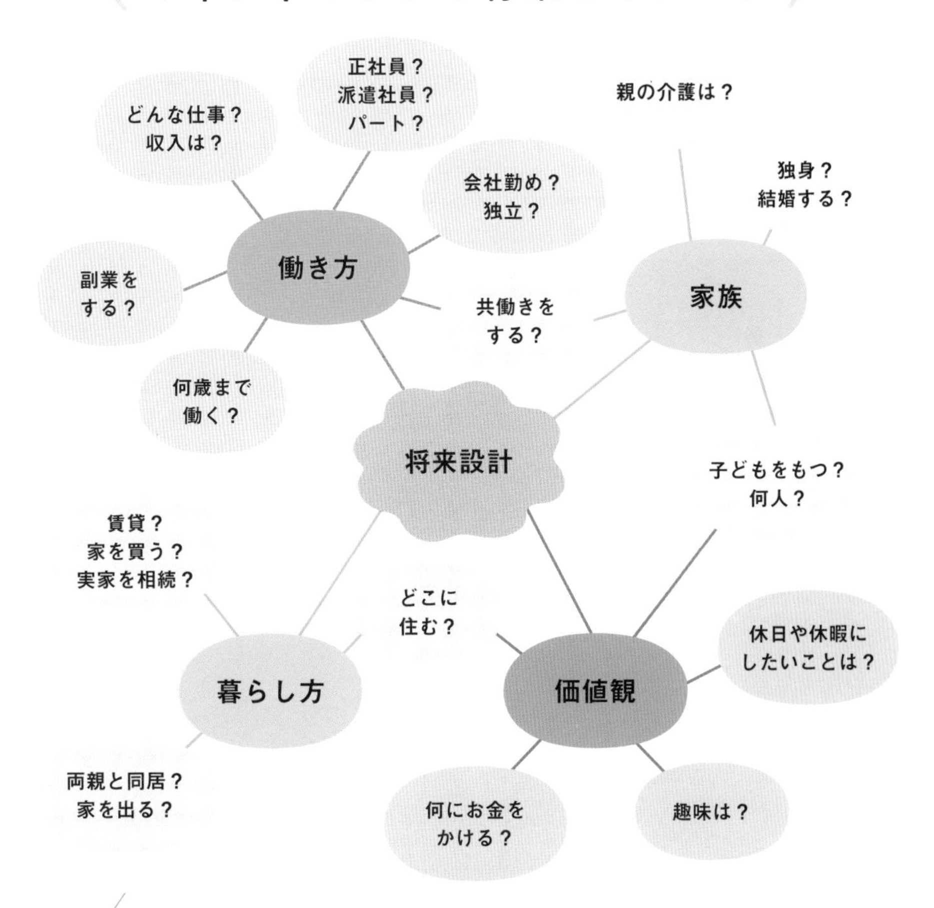

覚えておこう

人生設計は、変更があって当たり前

理想の人生について言語化する、というと「まだ結婚もしていないのに先のことなんて考えられない」「人生何があるかわからないのにそんな先のことまで決められない」と思うかもしれません。でもどのみち「想定外」が連続するのが人生。変更があって当然です。まずは今のあなたの理想を言語化する作業を行うことに大きな意味があるのです。

GOAL

14

ライフプランを立てる

人生に必要なお金を確認する

Message

「こうしたい！」を言語化できたら、次は数値化してみよう。

ここからは理想の人生設計・ライフプランの実現について、お金の面から考えていきましょう。

一生に必要なお金の総額は、大きく、①人生を通してかかる日常の生活費と、②出産、マイホーム購入、教育費といった特定の時期だけ上乗せされるライフイベントの費用という2つから構成されます。

②のライフイベントはもちろん、実は①の日常の生活費についても、金額も、増減するタイミングも、個人差があります。たとえば同じように子どもがいなくても「時間とお金が自由になるうちにたくさん外食や旅行をしておこう」という人がいる一方、「将来子どもにしっかり教育費をかけるために今のうちに集中して倹約し、貯蓄を作っておきたい」という人も。

あなたの場合はどうですか？「こうしたい！」を言語化できたら、次は日常の生活費と個々のライフプラン、それぞれから数値化してみましょう。

ライフプランシートを作る

① **日常の生活費**

家族の人数や年齢、住まいの状況などによって金額は変わります。現在の金額をもとに、増減させてみましょう。

年	家族の年齢				生活費（年間）	ライフイベント	予算
	自分	配偶者	子	子			
2023	29				200万円		
2024	30	29			300万円	結婚	100万円
2025	31	30			300万円		
2026	32	31	0		300万円	第一子出産	30万円
2027	33	32	1		310万円	第一子保育園入園	
2028	34	33	2		310万円		
2029	35	34	3	0	320万円	第二子出産	30万円
2030	36	35	4	1	330万円	第二子保育園入園	
2031	37	36	5	2	340万円		
2032	38	37	6	3	350万円		
2033	39	38	7	4	350万円	第一子小学校入学	15万円
2034	40	39	8	5	360万円	家族旅行	50万円
2035	41	40	9	6	370万円		
2036	42	41	10	7	400万円	第二子小学校入学	15万円
2037	43	42	11	8	410万円		
2038	44	43	12	9	410万円		
2039	45	44	13	10	420万円	第一子中学校入学	

結婚や出産の予定は想像や理想でOK！

大体の金額でOK！

② **ライフイベントの費用**

ライフイベントや予定、やりたいことなどを書いて、それにかかるお金をわかる範囲で記入します。

これまで紹介した各ライフイベントの平均額も参考にしよう

15

ライフプランを立てる

生涯賃金っていくらなの？

Message

生涯賃金を知らずして理想の人生やライフプランの実現可能性は測れないよ。

ライフプランについて考えるうえで一度意識を向けておきたいのが「生涯賃金」です。生涯賃金が、理想の人生やライフプランを実現するのに必要なお金を上回っていれば実現可能性は高まりますし、反対に大きく下回っているのであれば、日々細かく節約に励んだところで抜本的な解決になりません。生涯賃金を大きく改善することに注力したほうが効率的ということになるからです。

日本の現状を見てみると、生涯賃金は学歴や性別によって数千万円の開きがあります。また、正規雇用なのか非正規雇用なのかといった雇用形態、勤め先が大企業なのか中小企業なのかといった勤務先の規模によっても大きな差があります。こうした客観的なデータに意識を向けると、転職をする際にも正規雇用にこだわったり、大企業での採用をめざしたりと、より長期的な目線で選択できるでしょう。

女性の生涯賃金は男性より低い

学校を卒業してフルタイムの正社員を続けた場合の生涯賃金について、学歴別、男女別、企業規模別にまとめてみました。

男性		女性
2億6000万円	**大学・大学院卒**	**2億1000万円**
	企業規模別	
3億円	1000人以上	2億5000万円
2億5000万円	100-999人	2億1000万円
2億1000万円	10-99人	1億7000万円
2億1000万円	**高専・短大卒**	**1億7000万円**
2億1000万円	**高校卒**	**1億5000万円**
1億9000万円	**中学卒**	**1億5000万円**

「ユースフル労働統計2022」（労働政策研究・研修機構）をもとに作成。

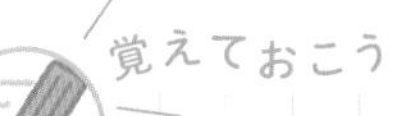

どうして女性の生涯賃金は低いの？

女性の生涯賃金は、男性に比べて4000万～5000万円低いとされています。非正規雇用が多いこと、管理職に男性が多いことなども理由のひとつですが、結婚や出産を機にいったん離職する女性が多いことも生涯賃金の差に関係しています。

「M字カーブ」と呼ばれるこうした一時的な収入減少を最小限にとどめることが、生涯賃金を大きく減らさないこと、ひいてはお金に困らない人生へとつながっていくのです。

手軽にシミュレーションしてみよう

「知るぽると」のサービス

金融広報中央委員会「知るぽると」のウェブサイトでは、お金に関する幅広い知識や情報に触れることができます。

「ライフプランシミュレーション 生活設計診断」
https://www.shiruporuto.jp/public/document/container/sindan/input/

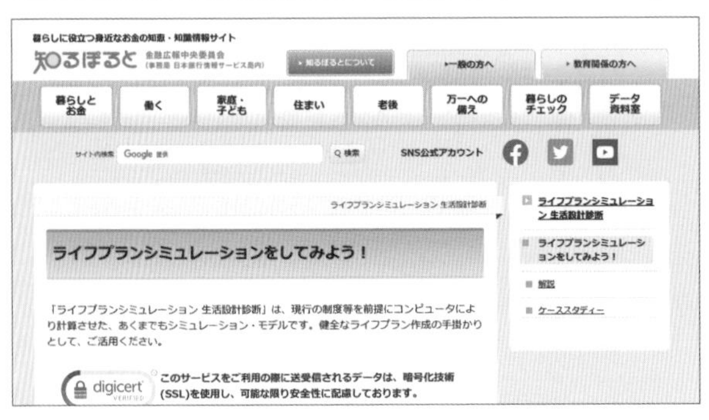

指定された情報を入力すると、コンピュータによるライフプランのシミュレーション結果が表示されます。現行の制度や経済指標を踏まえて自動で診断されるため、初めてでも簡単。気軽に挑戦しましょう。

入力する情報

入力項目は下の６つ。必須なのは世帯主の年齢と年間生活費だけ。

家族構成

世帯主、配偶者、子どもの年齢など。

収入

手取り年収、退職金の見込額など。

支出

現在の年間生活費、一時的支出の見込額など。

老後の生活

老後に予想される生活費や受給予定の年金。

住宅の購入

住宅の購入予定時期や金額など。

貯蓄・借入金

現在の預貯金や有価証券、ローンなどの金額。

シミュレーション結果

将来の暮らしにゆとりがあるかどうかの解説のほか、下のような収入と支出、貯蓄と借入の推移グラフや年表形式の将来予測が表示されます。

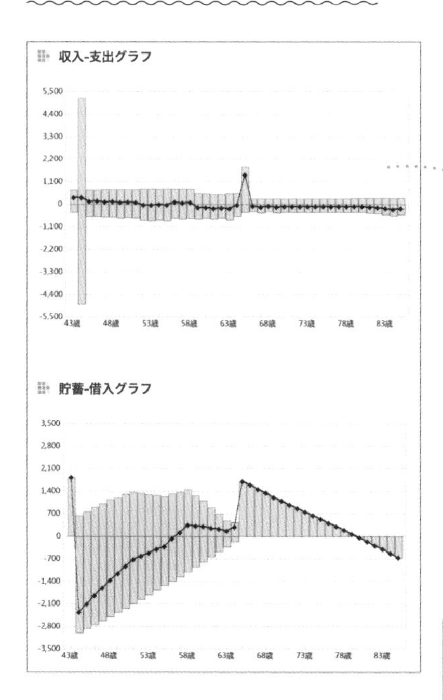

収入－支出、貯蓄－借入グラフ

年齢ごとの収入・支出の金額や、貯蓄残高・借入残高の大きさを棒グラフで把握できます。

診断結果一覧表

年齢ごとに、収入や支出、残高などの具体的な数値を確認できる年表形式のライフプラン表。

診断結果一覧表

計算の結果は、現在の経済データを基に推計したものです。今後のライフプランの作成の参考としてご利用ください。

世帯主年齢		43歳	44歳	45歳	46歳	47歳	48歳	49歳	50歳	51歳	52歳
イベント											
収入	定例収入	700	708	713	718	723	729	734	738	742	747
	年金	0	0	0	0	0	0	0	0	0	0
	その他収入	0	4,500	0	0	0	0	0	0	0	0
収入合計		700	5,208	713	718	724	729	734	738	743	747
支出	生活費	380	384	397	409	422	435	448	454	460	467
	住宅購入費	0	4,500	0	0	0	0	0	0	0	0
	教育費	0	0	0	0	0	0	18	12	12	150
	結婚・出産	0	0	0	0	0	0	0	0	0	0
	借入金返済	0	0	167	167	167	167	167	167	167	167
	その他支出	0	0	30	0	30	0	30	0	31	0
支出合計		380	4,884	595	577	620	603	665	634	672	785
収入－支出		320	323	118	141	103	126	69	104	70	-38
貯蓄残高		1,820	643	761	902	1,005	1,132	1,201	1,305	1,375	1,337
借入金残高		0	3,000	2,876	2,752	2,625	2,497	2,366	2,234	2,100	1,964

・（単位：万円）
・万円未満は切り捨てて表示しています。

<凡例>

結婚	住宅購入	一時支出	退職
年金受給	誕生	小学校入学	中学校入学
高校入学	大学入学	大学卒業	

上記の画像３点：金融広報中央委員会「知るぽると」ウェブサイト「ライフプランシミュレーション 生活設計診断」より

次ページからは
ライフプランの
さまざまな
CASEを
見ていこう

17

ライフプラン事例集

〈シミュレーションA〉

定年まで共働き・子ども2人

DATA

夫 33歳（公務員） 手取り年収340万円

⇒ 定年退職だと退職金2000万円見込み

妻 30歳（公務員） 手取り年収300万円

⇒ 定年退職だと退職金1800万円見込み

現在の年間生活費：400万円

現在の貯蓄額：900万円

◎ 子どもは2人ほしい

◎ 6000万円ほどのマイホーム購入希望

◎ 夫婦とも厚生年金に加入

夫婦ともに公務員で共働きをしています。昨年結婚したばかりで、子どもは2人ぐらいほしいね、と話しているところ。公務員ということもあって収入は安定しており、夫2000万円、妻1800万円の退職金がもらえる見込みなので、30代のうちに新築マンションを購入し、退職金で残高を一括返済する計画です。

出費についてはどちらかといえばおおらかなほう。結婚前からの共通の趣味である旅行には子どもが生まれても最低年1回は行きたいと考えています。

お金のシミュレーション

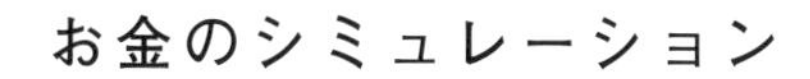

収入　支出　貯蓄残高　借入金残高

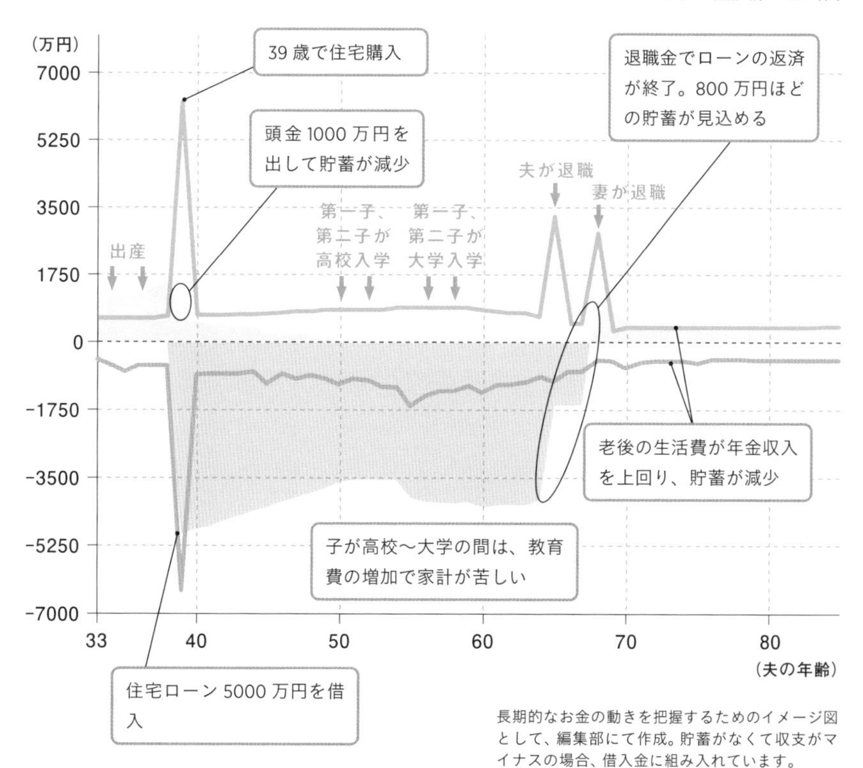
(万円)
7000
5250
3500
1750
0
-1750
-3500
-5250
-7000
33
40
50
60
70
80
(夫の年齢)
39歳で住宅購入
頭金1000万円を出して貯蓄が減少
出産
第一子、第二子が高校入学
第一子、第二子が大学入学
夫が退職
妻が退職
退職金でローンの返済が終了。800万円ほどの貯蓄が見込める
老後の生活費が年金収入を上回り、貯蓄が減少
子が高校～大学の間は、教育費の増加で家計が苦しい
住宅ローン5000万円を借入

長期的なお金の動きを把握するためのイメージ図として、編集部にて作成。貯蓄がなくて収支がマイナスの場合、借入金に組み入れています。

ADVICE

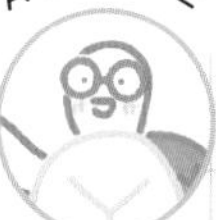

お金の使い方次第で厳しい老後に!?

収入が安定しているのは大きな強み。でも油断は禁物です。マイホーム、教育費、旅行、車など一つひとつは手の届く出費でも、重なるとボディブローのようにライフプランに影響が。人生100年時代を見据えて計画を。

〈対策リスト〉

- ☑ iDeCo（イデコ）などの制度を有効活用して自分でも老後の生活費を準備しよう。
- ☑ マイホーム6000万円のインパクトは大。教育費の増大も見据えると、もう少し予算を抑えたいところ。

投資プランをCHECK!⇒P226

GOAL

ライフプラン事例集 18

〈シミュレーションB〉専業主婦・子が10歳から働く

DATA

夫 36歳（会社員） **手取り年収480万円**
⇒ 定年退職だと退職金800万円見込み

妻 35歳（専業主婦） 子 1歳

現在の年間生活費：**450万円**
現在の貯蓄額：**450万円**

◎ 子どもが10歳以降は、パートで働く予定
◎ マンション購入済（ローン残高2300万円）
◎ 夫は厚生年金、妻は国民年金に加入（退社前は厚生年金）

夫は会社員、妻は退社して専業主婦をしています。現在1歳の子どもの妊娠を機に妻の実家近くにマンションを購入しました。親から1000万円の支援を受けられたので住宅ローンの残高は2300万円。やりくりにゆとりはありませんが、子どもは公立に通わせる予定で、生活も質素なので目の前の家計はなんとかなるかなと思っています。ただし、現在の預貯金や退職金を踏まえると「老後までに2000万円」がクリアできるか不安。子どもが10歳ぐらいまでは専業主婦でいたいのですが……。

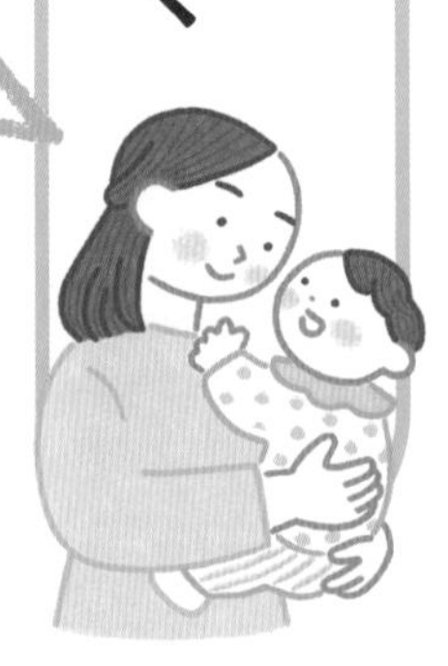

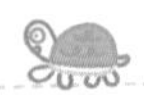

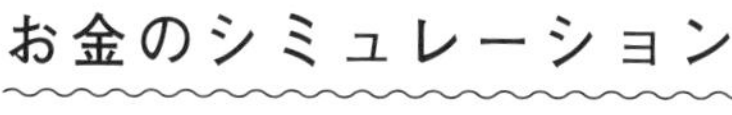
お金のシミュレーション

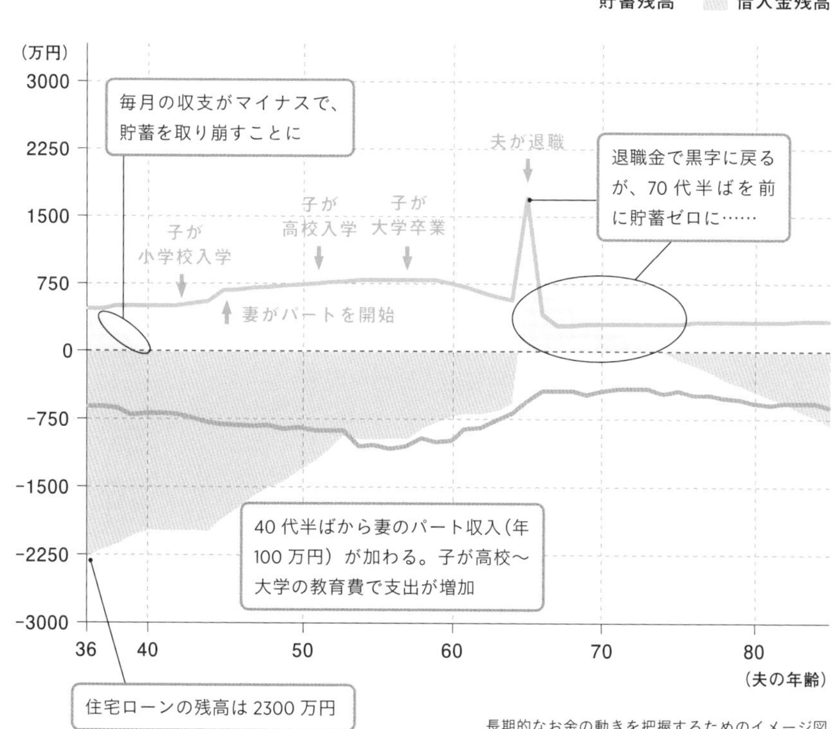
収入
支出
貯蓄残高
借入金残高
(万円)
3000
2250
1500
750
0
-750
-1500
-2250
-3000
36
40
50
60
70
80
(夫の年齢)
毎月の収支がマイナスで、
貯蓄を取り崩すことに
子が
小学校入学
子が
高校入学
子が
大学卒業
妻がパートを開始
夫が退職
退職金で黒字に戻るが、70代半ばを前に貯蓄ゼロに……
40代半ばから妻のパート収入(年100万円)が加わる。子が高校～大学の教育費で支出が増加
住宅ローンの残高は2300万円

長期的なお金の動きを把握するためのイメージ図として、編集部にて作成。貯蓄がなくて収支がマイナスの場合、借入金に組み入れています。

ADVICE

在宅ワークも検討して収入増をめざそう

子どもの成長につれ出費は増えていくもの。このままだと老後のための貯蓄以前に日々の生活費で貯蓄が底を尽きてしまうかも。専業主婦志向のようですが、短時間でも働くことでライフプランが大きく改善しそうです。

〈対策リスト〉

- ☑ 月に数万円でもよいので働くことで貯蓄の目減りを防ごう。
- ☑ 公立に進学しても習いごとや塾代など出費は増えるもの。支出増を見越してライフプランを立てよう。

19

ライフプラン事例集

〈シミュレーションC〉共働き・早期退職&独立希望

DATA

夫 42歳（会社員） 手取り年収520万円

⇒ 50歳の退職で早期退職金500万円見込み

妻 40歳（フリーランス） 手取り年収200万円

現在の年間生活費：450万円

現在の貯蓄額：500万円

◎ 早期退職し、夫婦で独立開業予定（開業資金500万円、年間利益400万円を想定）

◎ マイホーム購入済（ローン残高2300万円）

◎ 子どもの予定はない

夫は会社員、妻はフリーランスとして働いています。10年以内にベーカリーカフェをオープンすることを目標に動き始めています。開業資金は500万円を予定。開業直後は大きな収入減少が想定されるため、数年間は妻が現在の仕事と兼業して生活を支える予定ですが、いずれは理想のベーカリーカフェをふたりでどっぷり追い求めたいと思っています。

自営業になるので定年退職がなく老後も働き続けることができますが、体力と健康が資本の仕事だけに、もしもの場合が不安です。

お金のシミュレーション

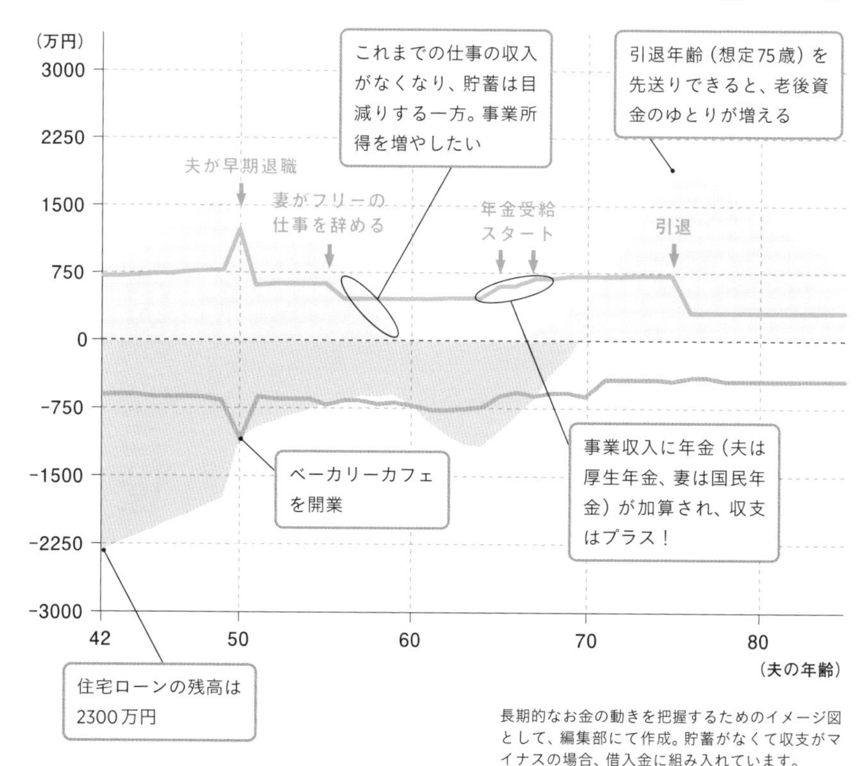

収入
支出
貯蓄残高
借入金残高
(万円)
3000
2250
1500
750
0
-750
-1500
-2250
-3000
42
50
60
70
80
(夫の年齢)
夫が早期退職
妻がフリーの仕事を辞める
年金受給スタート
引退
これまでの仕事の収入がなくなり、貯蓄は目減りする一方。事業所得を増やしたい
引退年齢(想定75歳)を先送りできると、老後資金のゆとりが増える
ベーカリーカフェを開業
事業収入に年金(夫は厚生年金、妻は国民年金)が加算され、収支はプラス!
住宅ローンの残高は2300万円

長期的なお金の動きを把握するためのイメージ図として、編集部にて作成。貯蓄がなくて収支がマイナスの場合、借入金に組み入れています。

ADVICE

独立までに貯蓄の積み増しを!

現在の貯蓄が500万円、開業資金も500万円を予定しているとのことなので、10年後の夢の実現のためにどれだけ貯蓄を加速化できるかが鍵。リスクを減らしながら「増やす」ことと真剣に向き合いましょう。

〈対策リスト〉

- ☑ 生活コストを下げて毎月の収入から積極的に貯蓄に回そう。
- ☑ つみたてNISA(ニーサ)を活用して貯蓄の積み増しを。
- ☑ iDeCoや国民年金基金(→P106)を活用して節税しながら年金を増やそう。

・投資プランをCHECK!⇒P228

ライフプラン事例集

〈シミュレーションD〉

自営業・三世代同居

DATA

夫 48歳（自営業）
妻 47歳（自営業）
年間事業所得500万円

子 6歳　子 3歳　同居の親 77歳

現在の年間生活費：380万円
現在の貯蓄額：200万円

- 高齢の親と同居中で、数年後には介護が必要かも
- 実家住まいのため、家賃はない
- 夫婦とも国民年金に加入（結婚前の妻は厚生年金）

夫42歳、妻41歳で結婚後、幸いにもすぐに2人の子どもに恵まれました。子どもの教育には力を入れたいため、中高一貫の私立に進学させたいと考えています。

夫婦で実家の稼業を引き継ぎ、1階が店舗になっている実家で親と同居しています。住居費の負担がないのはありがたいのですが、晩婚・晩産のため、いずれ育児と親の介護が重なってしまうことを懸念しています。そのような状況になった場合には妻が一定期間、介護に専念する予定です。

お金のシミュレーション

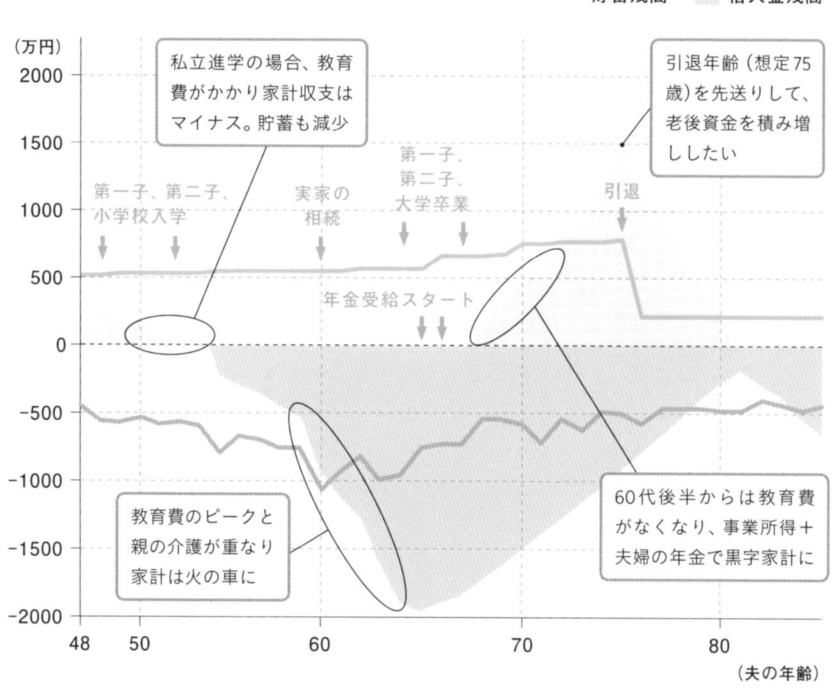

収入
支出
貯蓄残高
借入金残高
（万円）
2000
1500
1000
500
0
-500
-1000
-1500
-2000
48
50
60
70
80
（夫の年齢）
私立進学の場合、教育費がかかり家計収支はマイナス。貯蓄も減少
第一子、第二子、小学校入学
実家の相続
第一子、第二子、大学卒業
年金受給スタート
引退
引退年齢（想定75歳）を先送りして、老後資金を積み増ししたい
教育費のピークと親の介護が重なり家計は火の車に
60代後半からは教育費がなくなり、事業所得＋夫婦の年金で黒字家計に

長期的なお金の動きを把握するためのイメージ図として、編集部にて作成。貯蓄がなくて収支がマイナスの場合、借入金に組み入れています。

ADVICE

教育費だけでなく、老後にも備えよう

晩婚・晩産の場合、教育費のピークが60歳前後にずれこむため、老後の生活費を準備する「ラストスパート」時期がありません。加えて自営業ですので、より意識して「じぶん年金」を準備する必要がありそうです。

〈対策リスト〉

- ☑ 高校卒業までの教育費は家計でやりくりし、大学進学費用は今から計画的に積立して準備しておこう。
- ☑ 親の介護で働けなくなることも想定し、先回りして将来のお金の準備を。

投資プランをCHECK!⇒P230

GOAL

21

ライフプラン事例集

〈シミュレーションE〉夫婦共働き・事実婚希望

DATA

夫 39歳（会社員） 手取り年収450万円
⇒ 定年退職だと退職金1000万円見込み

妻 41歳（会社員） 手取り年収240万円
⇒ 定年退職だと退職金400万円見込み

現在の年間生活費：480万円
現在の貯蓄額：200万円

◎ 夫はバツ1で、月10万円の養育費の支払いがある
◎ 賃貸で、マイホーム購入の予定はない
◎ 夫婦とも厚生年金に加入

夫婦として暮らしていますが、事実婚という形式をとっています。夫は離婚した元妻との間に子どもが2人おり、養育費の支払いとともに「子どもが成人するまで再婚はしない」という約束になっています。

お互いほしいものは我慢せず買ってしまう性格なせいか、現状の貯蓄は200万円。今後は支出を見直し貯蓄に励むつもりですし、退職金も期待できますが、事実婚だと将来、夫に何かあっても相続人や生命保険の受取人になれないという話を聞いたので不安です。

お金のシミュレーション

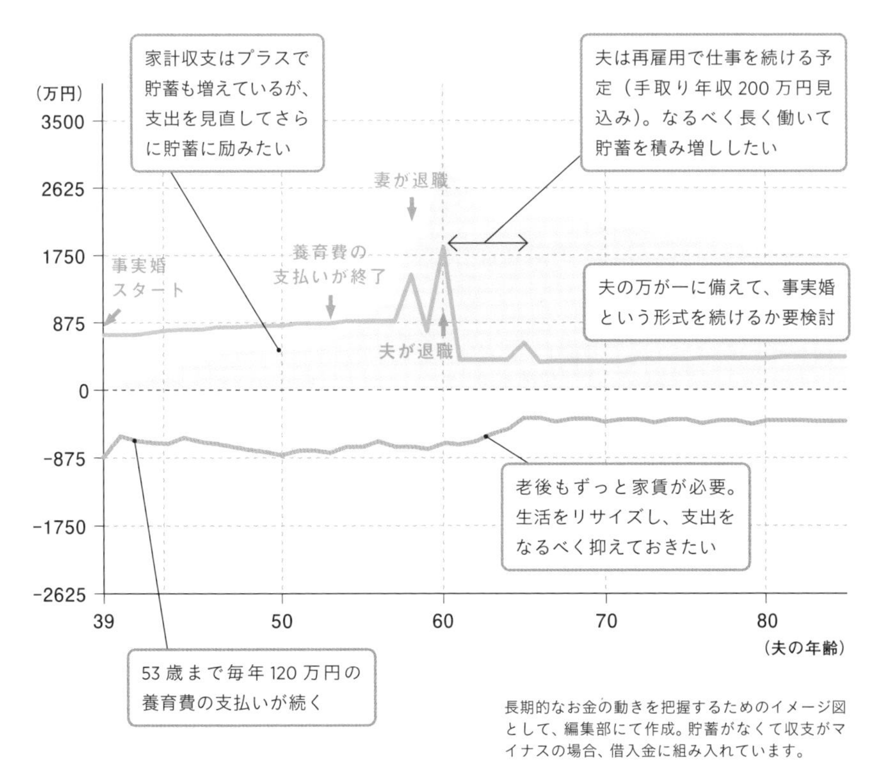

収入
支出
貯蓄残高
借入金残高
(万円)
3500
2625
1750
875
0
-875
-1750
-2625
39
50
60
70
80
(夫の年齢)
家計収支はプラスで貯蓄も増えているが、支出を見直してさらに貯蓄に励みたい
夫は再雇用で仕事を続ける予定(手取り年収200万円見込み)。なるべく長く働いて貯蓄を積み増ししたい
妻が退職
養育費の支払いが終了
事実婚スタート
夫が退職
夫の万が一に備えて、事実婚という形式を続けるか要検討
老後もずっと家賃が必要。生活をリサイズし、支出をなるべく抑えておきたい
53歳まで毎年120万円の養育費の支払いが続く

長期的なお金の動きを把握するためのイメージ図として、編集部にて作成。貯蓄がなくて収支がマイナスの場合、借入金に組み入れています。

ADVICE

法律婚との相続税の差を調べておこう

近年では法律婚にこだわらない人も増えてきましたが、「お金」という面ではさまざまな制約があるのも事実です。将来起こりうるパターンをシミュレーションしたうえで余裕を持って貯蓄を作っておくことをおすすめします。

〈対策リスト〉

- ☑ 養育費などの支出も見据えてまずは生活をリサイズしよう。
- ☑ 共働きの強みを生かして夫婦それぞれでしっかり貯蓄を作ろう。
- ☑ 夫に何かあった場合でも生活に困らないためにしっかり情報収集を。

ライフプラン事例集 22

〈シミュレーションF〉
離婚シングル・子ども1人

DATA

本人 39歳（会社員） **手取り年収410万円**

⇒ 定年退職だと退職金700万円見込み

子 6歳

現在の年間生活費：**300万円**

現在の貯蓄額：**480万円**

◎ 離婚した元夫から養育費月5万円を受け取る

◎ 近々、中古マンション購入を希望

◎ 厚生年金に加入

昨年離婚して、現在は会社員として働きながら一人息子と暮らしています。息子が巣立った後のことも考えると今のうちにマンションを購入しておいたほうがいいのではと思い、2000万円程度の物件を探し中。

また、息子の大学進学費用と老後の生活費も気になっています。息子に迷惑は掛けたくないので、必要な金額を確実に貯めたいと思っています。NISAやiDeCoという言葉はよく耳にするものの「貯蓄が減ってしまったらどうしよう……」とまだ踏み出せていません。

お金のシミュレーション

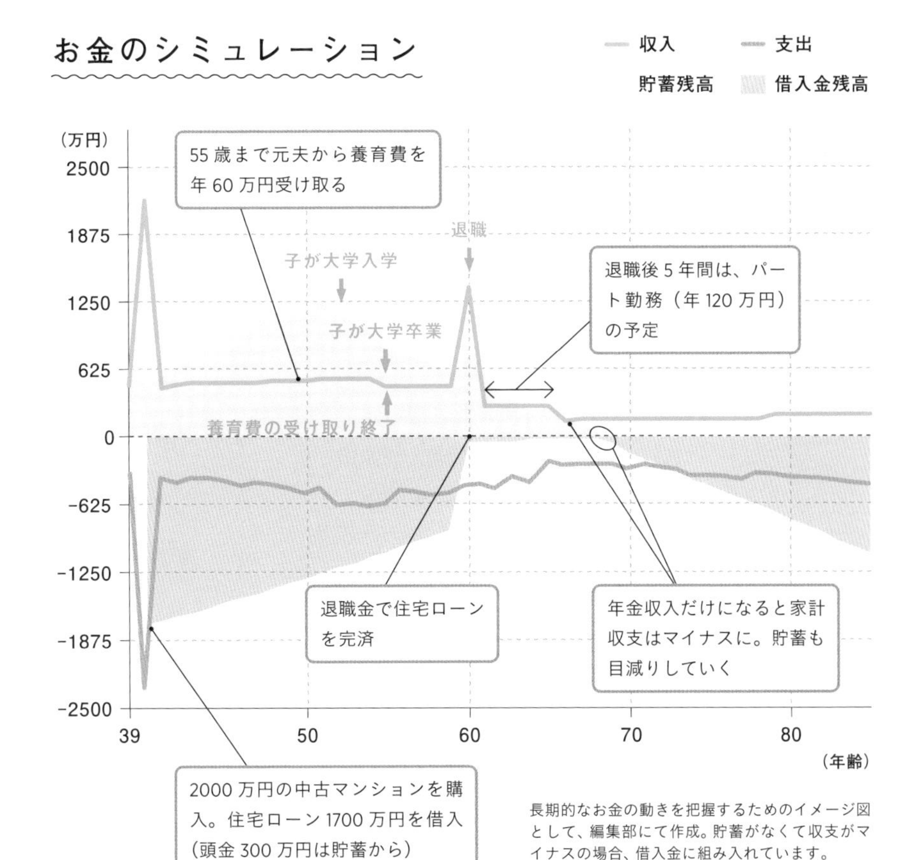
収入
支出
貯蓄残高
借入金残高
（万円）
2500
1875
1250
625
0
-625
-1250
-1875
-2500
39
50
60
70
80
（年齢）
55歳まで元夫から養育費を年60万円受け取る
子が大学入学
子が大学卒業
養育費の受け取り終了
退職
退職後5年間は、パート勤務（年120万円）の予定
退職金で住宅ローンを完済
年金収入だけになると家計収支はマイナスに。貯蓄も目減りしていく
2000万円の中古マンションを購入。住宅ローン1700万円を借入（頭金300万円は貯蓄から）

長期的なお金の動きを把握するためのイメージ図として、編集部にて作成。貯蓄がなくて収支がマイナスの場合、借入金に組み入れています。

ADVICE

老後を支える“じぶん年金”を作りたい

シミュレーションを見ると65歳まで働いた場合でも、その後、貯蓄が目減りしていってしまいます。投資は貯蓄の「寿命」を延ばすための心強い味方。ぜひiDeCoなどの制度を上手に活用しながら一歩を踏み出してみてください。

〈対策リスト〉

- ☑ 将来必要になるまとまった資金を作るために「投資」を味方につけよう。
- ☑ つみたてNISAやiDeCoを活用して、より効率よく準備をしよう。
- ☑ 養育費がストップしてしまう可能性も考えておこう。

・投資プランをCHECK!⇒P232

23

ライフプラン事例集

〈シミュレーションG〉死別シングル・子ども2人

DATA

妻 49歳（派遣社員） **手取り年収250万円**

子 12歳　子 8歳

現在の年間生活費：**300万円**

現在の貯蓄額：**2800万円**

◎ 夫の死亡保険金など2100万円を受け取る
◎ 住宅ローンは団体信用生命保険（団信）で完済
◎ 夫の遺族年金を受給（～53歳は年170万円、54～57歳は年150万円、58～64歳は年50万円）

1年前に夫と死別し、現在は子ども2人と3人で暮らしています。夫が組んでいた住宅ローンは団体信用生命保険のおかげで完済になり、死亡保険金や死亡退職金も入りましたが、将来のことを考えると不安は尽きません。

子どもたちには好きな習いごとを続けさせてあげたいし、毎年の家族旅行も継続したい。これまでと同じ生活をさせたいと思っていますが、果たして派遣社員としての収入と夫が遺してくれたお金でそれが実現できるのか、教えてください。

お金のシミュレーション

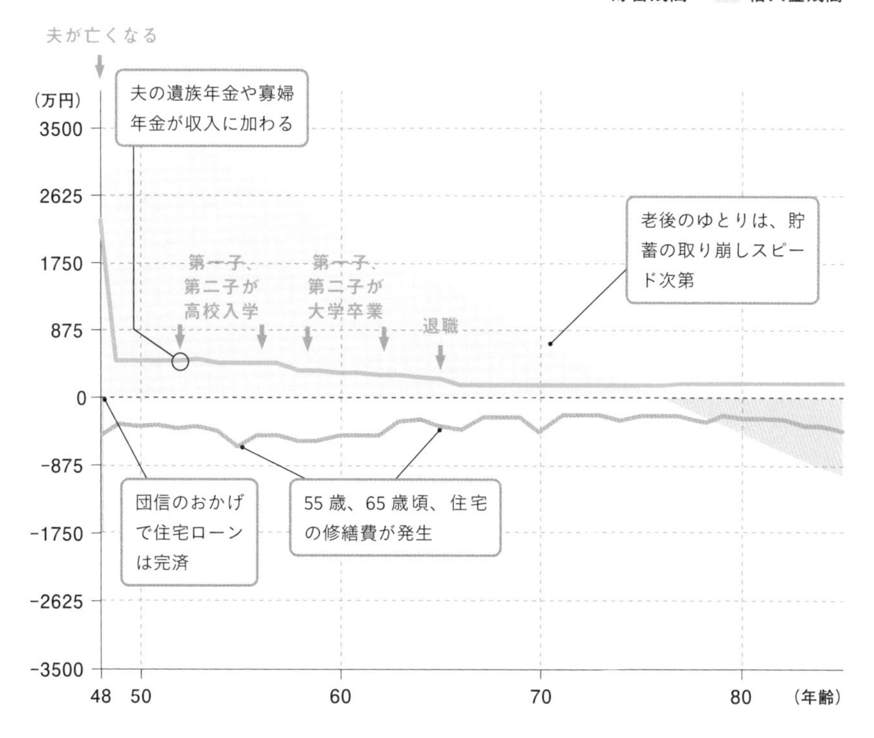

長期的なお金の動きを把握するためのイメージ図として、編集部にて作成。
貯蓄がなくて収支がマイナスの場合、借入金に組み入れています。

ADVICE

お金に働いてもらうことを意識する

住宅ローンが完済になり、まとまったお金が入ったといっても、家計にとって稼ぎ手を1人失うダメージは大きいもの。教育費もこれからが本番。仕事も継続しつつ、長期的な目線に立って貯蓄を増やしていきましょう。

〈対策リスト〉

- ☑ 将来の公的年金を増やすためにも仕事はこのまま継続しよう。
- ☑ これから必要になる教育費を計算し、計画的に準備をしよう。
- ☑ 手元にあるまとまった資金を寝かせず、増やしていく工夫を。

用語　「団体信用生命保険」(団信)とは、住宅ローン返済中の契約者に万が一のことがあった場合に保険金でローン残高が全額返済される保険。住宅ローンの契約時に加入するのが一般的。

24

ライフプラン事例集

〈シミュレーションH〉シングル・海外移住を希望

DATA

本人 32歳（自営業）
年間事業所得 **350万円**

現在の年間生活費：**160万円**
現在の貯蓄額：**1000万円**

◎ 35歳までに海外移住を希望
◎ 実家住まいで、将来は相続する予定
◎ 国民年金に加入（独立前は厚生年金）

海外移住すると、国民年金の資格を喪失

移住先や働き方によりますが、海外移住をすると国民年金の加入資格を失います。しかし、任意加入制度を利用すれば継続加入できます。

フリーランスのデザイナーとして働いています。独立して4年ほどですが、実家暮らしであることも功を奏し、貯蓄は1000万円に。

実は独立したのは海外移住という夢を実現するため。3年後には拠点を海外に移し、リモートで現在の仕事を継続したいと考えています。60歳を過ぎたあたりで帰国して実家を相続するつもりですが、移住までにどのくらい貯蓄を作るべきか、今の収入のままで将来の帰国後に生活していけるのかなどライフプランを見通すことで夢の実現を加速したいと思っています。

お金のシミュレーション

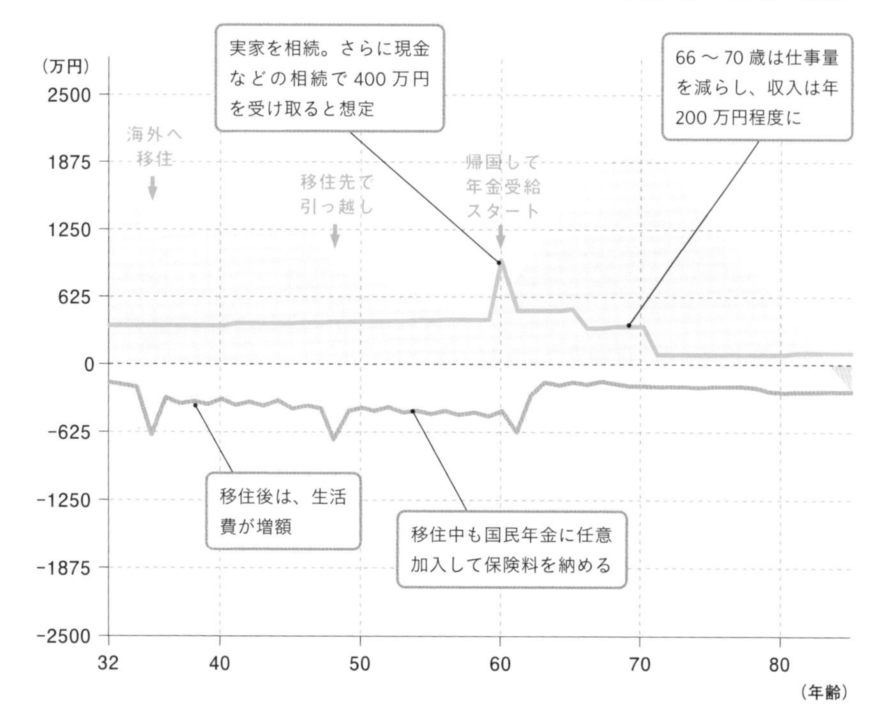

長期的なお金の動きを把握するためのイメージ図として、編集部にて作成。
貯蓄がなくて収支がマイナスの場合、借入金に組み入れています。

ADVICE

帰国後に備えて“じぶん年金”を作ろう

海外での生活コストは一概にいえませんが、変動要素が多いため準備する貯蓄は多いに越したことはありません。また国民年金に任意加入すればiDeCoにも加入できます。上手に活用し、帰国後に備えておきましょう。

〈対策リスト〉

- ☑ 住居費のかからない今のうちに貯蓄を加速しておこう。
- ☑ 海外移住後も国民年金に任意加入し、さらにiDeCoにも加入することで将来もらえる年金を少しでも増やすようにしよう。

25

ライフプラン事例集

〈シミュレーション〉

シングル・両親と同居

DATA

本人 45歳（公務員） 手取り年収410万円
⇒ 50代前半での早期退職金600万円見込み

同居の父 79歳　同居の母 75歳

現在の年間生活費：160万円
現在の貯蓄額：1000万円

◎ 両親と同居中。将来の介護離職も視野に
◎ 将来的に自分は介護施設に入居したい
◎ 現在は厚生年金に加入

一人娘でずっと実家暮らしをしています。両親からは常々「自分たちの介護はよろしく」といわれているのでその覚悟はできています。現在、公務員として働いていますが、介護が必要になったら離職し、落ち着いたら再就職するつもりでいます。とはいえ、時期も期間も予測がつかないのが悩みのタネ。

一方、自分の介護のことも気になります。一人っ子で子どももいないため、体力の衰えを感じてきたら介護施設に入居したいのですが、月々の費用を支払い続けられるのかが心配です。

お金のシミュレーション

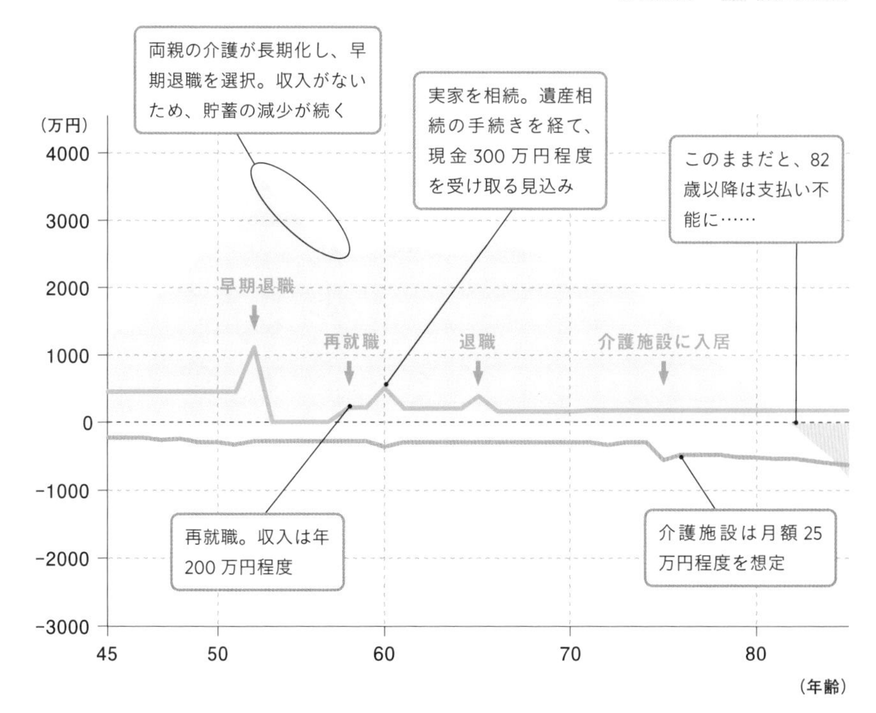

収入
支出
貯蓄残高
借入金残高
両親の介護が長期化し、早期退職を選択。収入がないため、貯蓄の減少が続く
実家を相続。遺産相続の手続きを経て、現金300万円程度を受け取る見込み
このままだと、82歳以降は支払い不能に……
(万円)
4000
3000
2000
1000
0
-1000
-2000
-3000
早期退職
再就職
退職
介護施設に入居
再就職。収入は年200万円程度
介護施設は月額25万円程度を想定
45
50
60
70
80
(年齢)

長期的なお金の動きを把握するためのイメージ図として、編集部にて作成。
貯蓄がなくて収支がマイナスの場合、借入金に組み入れています。

ADVICE

できるだけ仕事は継続したい

両親の介護をするという決意は素晴らしいですが、ライフプランの観点からすると安易な離職はおすすめできません。将来の自分の介護費用を捻出するためにも、可能な限り離職はせず、現在の仕事の継続を模索したいところです。

〈対策リスト〉

- ☑ バリバリ働ける今のうちにできる限り貯蓄を増やしておこう。
- ☑ 手取りを多くするためにも、将来のためにもiDeCoの活用がおすすめ。
- ☑ 勤め先の介護休業についてしっかりリサーチしておこう。

・投資プランをCHECK!⇒P234

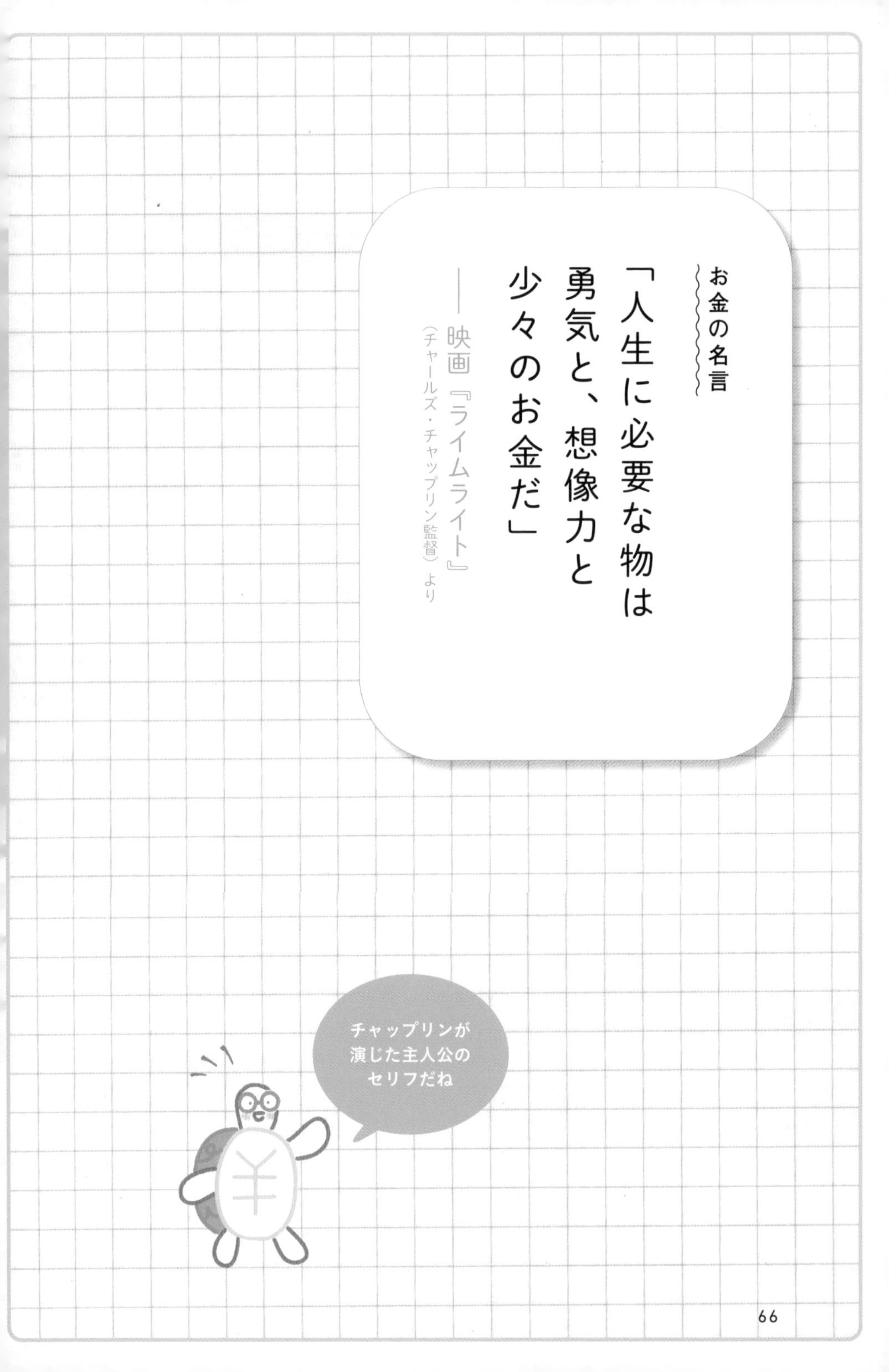

お金の名言

「人生に必要な物は
勇気と、想像力と
少々のお金だ」

――映画『ライムライト』
（チャールズ・チャップリン監督）より

第2章

家計の見直し&将来受け取るお金を知る

「お金が貯まる人」になるには、家計をしっかりと管理し、老後や万が一のときの支えとなるお金について理解を深めておく必要があります。まずは、預貯金、保険、住宅ローンや税金など、お金に関するすべてを把握することから始めましょう。

家計をチェック

お金にまつわるすべてを棚卸しする

＼ Message ／

お金にまつわるすべてを棚卸しすることが、ライフプラン実現のスタート地点。

人生に必要なお金がシミュレーションできたら、それらのお金を準備するための具体的な行動に移していきましょう。最初に行いたいのは、お金に関するすべてのことを棚卸しすること。銀行口座や証券口座、ビットコインなどの仮想通貨、クレジットカード、加入している保険、住宅ローンや奨学金、固定資産税や自動車税などの税金、タンス預金やへそくり……つまり、お金の出入りに関するありとあらゆるものを整理整頓するのです。

あなたは銀行口座をいくつ持っていますか？　口座ごとの用途は明確でしょうか？　保険証書や年金手帳はすぐに取り出せる場所にまとまって保管されていますか？　序章でお金は「お金が好きな人」のところへやってくるという話をしましたが、お金に好かれる人は、家計相談でも加入している保険証書や年金に関する書類をきちんとファイリングされた状態で持ってきます。さっそく棚卸しと整理整頓を始めましょう。

用語　「仮想通貨」とは、インターネット上だけでやりとりされるデータ資産。暗号通貨、暗号資産ともいう。

棚卸しリスト

資産になるもの

実態を持たない資産

形があって、それ自体に価値がある資産

金融資産

現金　預貯金　株式　債券

投資信託　貯蓄性のある生命保険（掛け捨て以外）

iDeCo　商品券　仮想通貨

預貯金は金融機関、名義、残高、満期日などをリスト化。株式や債券は取得価格と直近の評価額を、生命保険は解約返戻金や満期日などを一覧にしましょう。

実物資産

土地　建物

貴金属　車

骨董品　絵画

取得時の価格と、最近の評価額を記録しておきます。

負債になるもの

住宅ローン　自動車ローン

クレジットカードの未払金　奨学金

ローンは借入先、借入金額、金利、返済口座、毎月・ボーナス時の返済額、完済予定日などを記録。クレジットカードも支払口座や利用限度額などをリストアップしましょう。

気をつけよう

クレジットカード、知らない間に増えてない？

「初年度入会費無料でポイントゲット」「当日入会特典で20％割引」といった謳い文句に惹かれて申し込んだものの、使わずに眠っているクレジットカードはありませんか？

想定外の年会費の引き落としや紛失リスクを避けるためにも、クレジットカードはメインとサブの2枚を厳選し、それ以外は解約することをおすすめします。

用語　「債券」とは、国や企業が資金を借り入れで調達するために発行する有価証券のこと。国が発行するものが「国債」、企業が発行するものが「社債」。

27

家計をチェック

「2つの視点」で家計を把握する

Message

家計を把握するには、家計簿だけでなく家計バランスシートの作成がマスト。

お金に関するすべてが棚卸しできたら、家計の現状を把握するためにそれらの情報をまとめていきましょう。家計の把握というと、多くの人は「家計簿」を思い浮かべるはずです。でもこれは「収入」「支出」「収支」という、家計の一側面でしかありません。貯蓄型の保険に毎月2万円支払っていることはわかっても、解約返戻金がいくら貯まっているのかは家計簿ではわかりません。そこで並行して作成したいのが「家計バランスシート」。これを作成することで、あなたが今、どんな資産や負債がいくらあるのか、その差がプラスなのかマイナスなのかが把握できます。

こうした考え方の重要性は、企業を見れば一目瞭然です。企業の決算書では必ず、ある時点での資産の状況を示す貸借対照表（B/S）と、ある期間での収支を示す損益計算書（P/L）がセットになっています。この2つの視点があって初めて、財務状況を立体的に把握することができるのです。

ある時点の
本当の資産がわかる

貸借対照表（B/S）

資産 現金や預貯金、不動産など	負債 借入金や未払金など
	純資産

資産－負債＝純資産

どれだけ資産の多い会社でも、多額の借り入れをして手に入れた状態であれば、本当の資産である純資産はほとんどありません。

ある期間の
もうけがわかる

損益計算書（P/L）

費用 仕入れ代金や人件費など	収益 売上や資産の売却益など
利益	

収益－費用＝利益（損失）

いくら売上が大きくても、費用をかけすぎたら利益は出ません。「収益－費用」がマイナスのときは損失、つまり赤字です。

赤字の場合

費用	収益
	損失

覚えておこう

企業にはもうひとつ重要な「決算書」がある

決算書に不可欠な書類として貸借対照表（B/S）と損益計算書（P/L）を紹介しましたが、実は企業の決算書にはもうひとつ重要な書類があります。それが現金の増減と理由を示すキャッシュ・フロー計算書（C/F）です。これら3つはセットで「財務三表」と呼ばれます。

28

家計をチェック

家計バランスシートを作成する

＼ Message ／

家計バランスシートを作成すれば、「本当の資産」がいくらあるのか見えてくる。

今、どんな資産や負債がいくらあるのか、その差がプラスなのかマイナスなのかが把握できるのが「家計バランスシート」。これは、企業の貸借対照表（B/S）をそのまま家計に置き換えたものとなります。

左側の「資産」の欄には、普通預金や定期預金をはじめ株式や投資信託などの金融資産、学資保険や個人年金保険といった貯蓄型保険の現時点での解約返戻金などを記入します。マイホームや車は「現時点で売却したらいくらになるか」を想定して金額を記入しましょう。右側の「負債」の欄には、住宅ローンやクレジットカードの未払金、奨学金などを記入します。

そして注目すべきは、「資産」と「負債」の差額である「純資産」です。この金額こそが、あなたの家計の「本当の資産」。お金に困らない人生、自分次第で自由にデザインできる人生をめざすなら、この「本当の資産」を最大化させることが最も重要といっても過言ではないのです。

10万円以上のものを書き出そう

10万円以上の資産、負債をすべて書き出します。マイホームや車は、ウェブサイトで近いものの時価を調べ、株式などは時価を記入します。

資産

現金	(　　　)万円
普通預金	(　　　)万円
定期預金	(　　　)万円
貯蓄型保険	(　　　)万円
株式、債券	(　　　)万円
投資信託	(　　　)万円
iDeCo(イデコ)	(　　　)万円
土地	(　　　)万円
建物	(　　　)万円
車	(　　　)万円
その他	(　　　)万円
資産合計	A (　　　)万円

負債

住宅ローン	(　　　)万円
自動車ローン	(　　　)万円
クレジットカードの未払金	(　　　)万円
奨学金	(　　　)万円
その他未払い金	(　　　)万円
負債合計	B (　　　)万円

純資産

資産合計A－負債合計B
＝純資産(　　　)万円

これが本当の資産！

気をつけよう

マイホームは資産？負債？

「マイホームは資産になる」といわれますが、本当に資産なのかは家計バランスシートを見ればハッキリします。「マイホームの時価>住宅ローン残高」なら、それは資産。反対にローン残高が上回っていると、売却しても負債が残る状態なので、資産とはいえないかも……。

用語 「時価」とは、現時点での価値のこと。株式の時価であれば、購入価格ではなく現在の株価。

GOAL

29

家計をチェック

毎月の家計簿で収支をチェック！

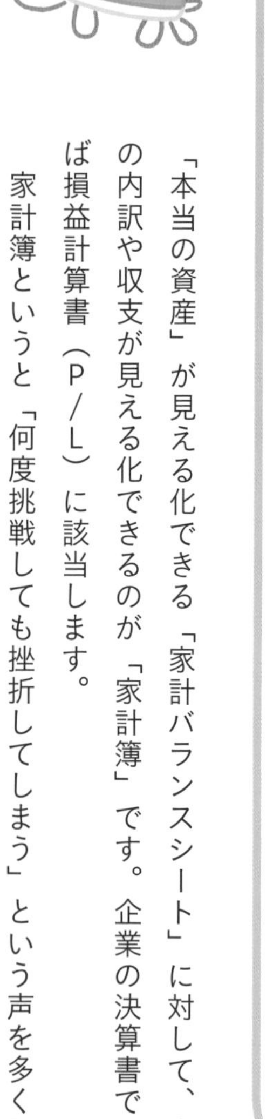

＼ Message ／

家計簿の目的は、「収支を合わせること」ではなく「家計を改善すること」だよ。

「本当の資産」が見える化できる「家計バランスシート」に対して、支出の内訳や収支が見える化できるのが「家計簿」です。企業の決算書でいえば損益計算書（P/L）に該当します。

家計簿というと「何度挑戦しても挫折してしまう」という声を多く聞きます。でも、何にいくら使っているのかがわからないことにはどこにメスを入れるべきなのかがわかりません。3ヵ月など期間限定でもよいので家計簿をつけて現状の収支を把握しましょう。その後は毎年1月や4月など、1年に1ヵ月だけつけることをルーティンにするのもおすすめです。

目的は自分がどんなことにお金を使っているのか、収支はどうなっているのかを把握して改善点を洗い出すことにあるので、お財布と家計簿の残高が多少ずれていてもOK。ただし、後から見直せるようにレシートなどの明細は保管しておいてくださいね。

続けやすい家計簿を使おう

家計簿はある程度続けないと数字を確認できません。多様な家計簿があるので、気楽に記入できて、自分が続けやすいものを選びましょう。

手書きの家計簿

- ○ シンプルなノート式から、レシートを貼るタイプまで種類豊富。
- ○ 決められたフォーマットに記入していけばOK。
- △ 電卓などで集計しなくてはならない。

Excelを使った家計簿

- ○ 自分の生活に合った費目を自由に設定可能。
- ○ 費目別、期間別に自動集計したり、グラフ化したりできる。
- △ Excelに慣れていないと難しい。

手帳や日記をつけるついでにメモしてもOK！

家計簿アプリ

- ○ 出先のちょっとした時間でも入力可能。
- ○ 銀行口座などと連携して入出金を共有できる。
- △ スマホ操作に慣れていないと面倒。

得するメモ

自動集計してくれるアプリが便利！

家計簿アプリは年々進化しています。クレジットカードや銀行口座の情報と連動できるのはもちろん、レシートの写真を撮影するだけで費目を分けて自動集計してくれるものも。まずは無料のアプリからでよいので試してみてはいかがでしょうか。

家計簿の主な費目

【固定費】		
	住居費	保険料
	水道光熱費	お小遣い
	通信費	など

【変動費】		
	食費	被服費
	日用品費	交通費
	子ども費	など

▼▼「レシート」は熟成させて、振り返る

まずは1ヵ月家計簿をつけて、何にいくらお金を使っているかを記録し、それらの支出を俯瞰して眺めてみましょう。「ドラッグストアで1ヵ月5000円ぐらい使っている感覚だったけれど、合計したら1万円を超えていた」「カフェ代が1ヵ月7000円にもなっていた」など、自分の感覚を上回っている費目は改善の余地があります。翌月は予算を決め、そのなかに収まるようにコントロールしてみましょう。家計簿をつける期間が3ヵ月あれば、さらにもう1周できるのでより大きな改善効果が期待できます。

同時に、保管しておいたレシートを使って振り返りをしましょう。必要な支出や無駄なく使えた支出には◯、安くは買えたけれど消費しきれなかった、もっと安く買えたかも、という支出には△、勢いで買ったけれど結局使っていない、という支出には×をつけます。ポイントは、買ってすぐではなく1ヵ月くらい「熟成」させてから振り返りを行うこと。これを習慣化していくと、「使いきれなそうだから量の少ないほうにしよう」「×になるのは避けたいから試着してから買おう」というように、買い物の際の思考力が高まり、無駄な支出が減っていきます。

家計簿をもとに家計改善！

STEP 1

費目ごとに、使った合計金額を予想する

集計する前に、「食費には月5万円使っただろう」と予想します。

STEP 2

「予想額−支出額」を確認する

予想額から、集計した実際の支出額を差し引きます。マイナスになったら、使い過ぎかも……。

STEP 3

翌月の予算を決める

予想以上に使った費目は、無理のない範囲で支出を引き締めましょう。

STEP 4

予算内に収めるように行動する

予算を決めたことで支出をコントロールしやすくなります。

STEP2〜4を繰り返すことで、家計改善をめざそう

レシートを見直して、○△×でチェックしてみよう

食品

お得に購入しおいしく食べたら○、期限内に食べきれなかったら△、残って処分したなら×。

洋服

よく着ているなら○、何度か洗ったらヨレヨレになった…なら△、合わなくて着ていないなら×。

スポーツジム

頻繁に通って健康やダイエットに効いたなら○、何度か通っただけなら△、通えていないなら×。

30

お金が貯まる家計とは？

お金の貯めどきは、人生で三度!?

Message

「貯めるチャンス」を逃さないことが、スムーズなライフプラン実現の鍵だよ。

一般的に、人生におけるお金の貯めどきは三度あるといわれます。一度目は結婚する前のシングル期。二度目は子どもが生まれてから小学校を卒業するまでの時期。そして最後の貯めどきが、子どもが独立してから定年するまでの現役時代のラストスパート期です。

シングル期は、お金も時間も自由になりやすい時期ですが、だからこそここでしっかり貯めておけるかどうかが後々に大きく影響します。また、子どもが生まれると何かと出費が増える印象ですが、後から振り返ればまだまだ相対的に出費が少なくて済む時期。中学生以降になると、公共交通機関の運賃が大人料金になったり、大人と同様の洋服代がかかったり、スマホやパソコンが必要になったりと、生活費が大人並みになってきます。

そして仕事をリタイアするまでの間がラストスパート。こうした「貯めるチャンス」を逃さないことが、貯まる家計になる大きな鍵といえます。

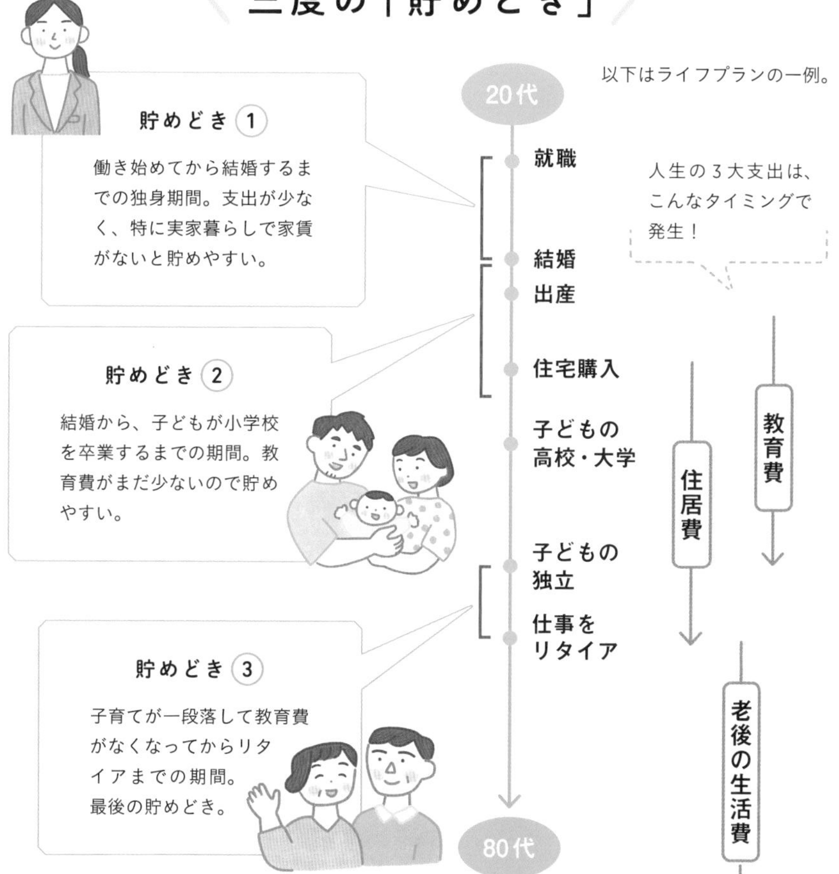

三度の「貯めどき」
以下はライフプランの一例。
20代
就職
結婚
出産
住宅購入
子どもの
高校・大学
子どもの
独立
仕事を
リタイア
80代
貯めどき 1
働き始めてから結婚するまでの独身期間。支出が少なく、特に実家暮らしで家賃がないと貯めやすい。
貯めどき 2
結婚から、子どもが小学校を卒業するまでの期間。教育費がまだ少ないので貯めやすい。
貯めどき 3
子育てが一段落して教育費がなくなってからリタイアまでの期間。
最後の貯めどき。
人生の３大支出は、こんなタイミングで発生！
教育費
住居費
老後の生活費

気をつけよう

晩婚・晩産なら貯蓄の「先回り」が肝心

近年では、30代後半～40代以降に結婚・出産する人もめずらしくありません。その場合、教育費のピークと、老後の生活費を貯めるラストスパート期がどんぴしゃで重なる可能性が高まります。

もしそうなりそうなら、三度の貯めどき以外にも気を引き締めて将来のために貯蓄の「先回り」をしておくことが肝要です。

31

お金が貯まる家計とは?

給与明細と源泉徴収票はココを見る

\ Message /

給与明細と源泉徴収票を受け取ったらしっかり目を通す習慣をつけよう。

お金を貯めるにあたってしっかりとマスターしておきたいのが、給与明細と源泉徴収票の見方です。給与明細を見ずに銀行口座の振込額だけをチェックしていてもお金は貯まりません。毎月、基本給や残業代はもちろん、各種手当が正しい金額になっているかなど項目を一通りチェックしましょう。社会保険料や所得税などの税金についても金額感を把握しておくことが大切です。社会保険料は基本的には毎月同じ金額ですが、料率や残業手当などによって収入の水準が大きく変わると変更になることもあります。

源泉徴収票は、1年の間に給与から源泉徴収された所得税の合計金額が記載されたもので、1年に1回、年末調整が終わってすべての数字が出揃ったあとに勤務先から発行されます。これを見ればいわゆる「年収」もわかります。確定申告をする際に必要になるのはもちろん、住宅ローンを組む際などにも提出を求められます。しっかり保管しておきましょう。

用語　「源泉徴収」は会社などが給与から税金を天引きし、従業員に代わって納税すること。その年間の金額が記載されているのが「源泉徴収票」。

給与明細

勤怠欄
出勤日数や残業時間など給与計算のもとになる勤務状況が記載される

実際に受け取る金額、いわゆる手取りのこと

令和5年4月分 **給料明細書**

部門名	営業	社員NO	15	氏名	ナツメ太郎　殿

勤怠	労働日数	出勤日数	有休休暇日数	慶弔休暇日数
	20		1	
	欠勤日数	遅刻回数	早退回数	超勤時間
		1		7

差引支給額
292,300

支給	基本給	役職手当	資格手当	家族手当	時間外手当	通勤手当	
	270,000	15,000	20,000	5,000	18,000	14,800	
						不就労控除	総支給額
							342,800

控除	健康保険(介護)	健康保険(健保)	厚生年金	雇用保険	社会保険料	所得税	住民税
	4,500	12,000	5,000	5,000	12,000	12,000	
					積立金	返済	控除計
							50,500

支給欄
基本給と各種手当が記載される。時間外手当とは残業手当のこと

控除欄
給与から天引きされる社会保険料や税金が記載される

源泉徴収票

給与や賞与の合計額で、いわゆる「税込みの年収」

支払金額から給与所得控除を引いた金額

社会保険料や扶養家族などの所得控除の合計額

給与から天引きされて1年間に納めた所得税額

令和 5 年分　**給与所得の源泉徴収票**

支払を受ける者	住所又は居所	千代田区神田神保町○ー○	(受給者番号) (役職名) 氏名 (フリガナ) ナツメ　タロウ ナツメ　太郎

種別	支払金額	給与所得控除後の金額(調整控除後)	所得控除の額の合計額	源泉徴収税額
給与・賞与	5000000	3560000	1176570	143756

(源泉)控除対象配偶者の有無等	老人	配偶者(特別)控除の額	控除対象扶養親族の数(配偶者を除く。) 特定	老人	その他	16歳未満扶養親族の数	障害者の数(本人を除く。) 特別	その他	非居住者である親族の数
有 従有		千 円	人 従人	内 人 従人	人 従人	人	内 人	人	人

社会保険料等の金額	生命保険料の控除額	地震保険料の控除額	住宅借入金等特別控除の額
656570	40000		

(摘要)

所得控除(社会保険料、生命保険料控除、地震保険料控除など)の内容や金額

「住宅ローン控除」の金額

32

お金が貯まる家計とは？

「先取り貯蓄」でお金を貯める

＼ Message ／

お金が貯まる人に共通している「先取り貯蓄」。シンプルだけど効果は絶大。

お金が貯まる家計の人が共通してやっていることがあります。それが「先取り貯蓄」。先取り貯蓄とは、毎月の収入からまず将来のための貯蓄を積立し、残ったお金でやりくりする方法です。これまで数多くの家計を見てきましたが、お金が貯まる人はほぼ例外なくこの方法で貯蓄をしています。反対に貯まらない人がやっているのが「成り行き貯蓄」。これは、生活費を使った後の残ったお金がそのまま貯蓄になるという方法です。

ただし、先取り貯蓄をうまく機能させるには3つのポイントがあります。それが、①給与振込直後に先取りを行う、②積立額は無理のない金額にする、③手動ではなく自動で積立する、ということ。「今月は何かと物入りだからスキップしよう」「忙しくて手続きをする暇がなかった」などとならないためにも、③は特に重要。自動積立定期預金など、放っておいても着実に貯蓄されていくしくみを意識的に活用しましょう。

先取り貯蓄で確実に貯める

成り行き貯蓄

収入 － 支出 ＝ （残った金額を）貯蓄

支出が多いと、将来のための貯蓄分が残らない。

先取り貯蓄

収入 － （一定額を）貯蓄 ＝ 支出

貯蓄分を先に取り分け（自動積立がおすすめ）、残ったお金でやりくりする。

先取り貯蓄を成功させるには、3つのポイントが大切！

1. 給与振込直後に先取りを行う
2. 積立額は無理のない金額にする
3. 手動ではなく自動で積立する

得するメモ

「先取り」できていれば1円残らず使ってOK！

先取り貯蓄のメリットは、着実に貯められるだけではありません。残ったお金を1円残らず使っても貯蓄はできているわけですから、後はその中でやりくりさえすればどんなふうに使おうとも自由。お金を使うたびに将来不安や罪悪感を覚えなくてよいのです。好きなものにしっかりお金を使うという意味でも、先取り貯蓄は効果的です。

33

お金が貯まる家計とは?

理想的な割合は2対6対2

Message

毎月の貯蓄額は、手取り月収の「2割」を目標にしてみよう。

「先取り貯蓄」の大切さがわかったところで気になるのが、「何割先取りできればいいの?」ということではないでしょうか。

収入や家族構成にもよりますが、1つの目安が「2対6対2」という割合。これは、2割を「先取り貯蓄」に、そしてもう2割を「自己投資」に回し、残りの6割で生活するというもの。お金に困らない生き方をめざすうえでなくてはならないのが、この「自己投資」。会社や社会から必要とされる人材として生き残っていくためにも、自分が本当に人生で叶えたい夢に出会うためにも、意識的に自己投資することはとても大切なのです。

ポイントは、先取り貯蓄と同様、毎月一定額を自己投資に使うと決め、何がなんでも使い切るということ。こうすることで「この1万円を何に使えば自己投資といえるのだろう」と、より自分にとって意味のあるお金の使い方を考えることになり、同時に行動範囲も自然と広がっていきます。

わが家の家計バランスをチェック！

手取り月収が月20万円の場合、4万円を貯蓄に、4万円を自己投資に回し、残りの12万円で生活するのが理想的なバランス。これが続けば5年後には年収分の貯蓄ができます。

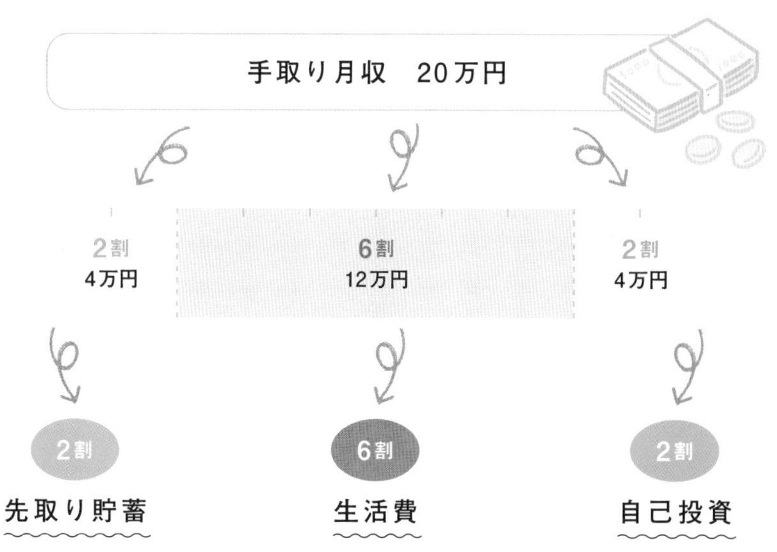

4万円×12ヵ月×5年で、手取り年収にあたる240万円が自然と貯まります。

6割の範囲でやりくりさえできれば、1円残らず使っても大丈夫です。

ヨガに通う、映画を観る、交流会に参加する、資格スクールに通うなど。

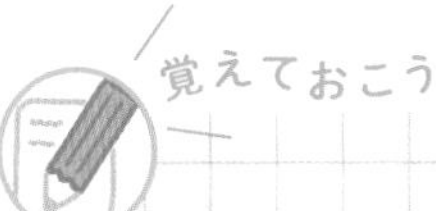

どんなものなら「自己投資」といえる？

自己投資と、消費あるいは浪費との違いは「使った金額＜将来のリターンとなるかどうか」です。

英会話スクールに通っても、スキルが一向に上達しなければ自己投資とはいえません。

一方で憧れのレストランに行って、そこから得たものを仕事のヒントにできれば、それは立派な自己投資。「投資」である以上、使った金額を上回るリターンがあることが自己投資の必須条件といえます。

34

お金が貯まる家計とは？

共働き夫婦の家計管理を学ぶ

＼ Message ／

共働き夫婦の家計管理のスタイルには大きく3つのパターンがあるよ。

どのように夫婦で家計管理をしていくのかは、ライフプランに大きな影響を与える重要な要素です。共働き家計であることを前提にすると、家計管理のスタイルは大きく3つあります。①家計管理の得意なほうがすべてのお金を一元管理する「完全共通財布」パターン、②共通財布を作り、毎月自分の給与からそれぞれ一定額を共通財布に入れて、そこから生活費の支払いや貯蓄を行う「一部共通財布」パターン、③誰がどの支出を負担するのかだけを決めてやりくりする「完全別財布」パターンです。

お金が貯まりやすいのは①の「完全共通財布」パターンですが、お小遣い制にストレスを感じる人には不向きかも。一方、③の「完全別財布」パターンは担当する支出以外は自由に使うことができますが、フタを開けたらお互いに全然貯蓄できていなかった、となりやすいパターンでもあります。バランスをとるなら②の「一部共通財布」パターンがおすすめです。

3パターンの夫婦のお金

完全共通財布

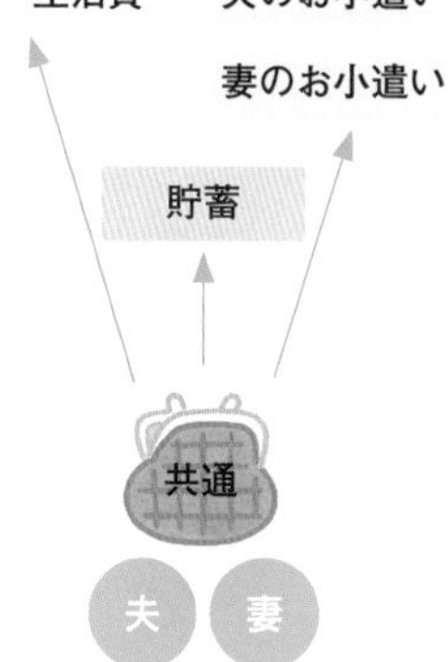

○ 1つの財布で収入・支出すべてを管理できて、お金が貯まりやすい。

△ 管理しない側が知らぬ間に家計が火の車にならないよう、定期的に家計の報告・共有を！

△ お小遣い制によるストレスは、ボーナス時にまとまった額を渡すなどの工夫で軽減しよう。

一部共通財布

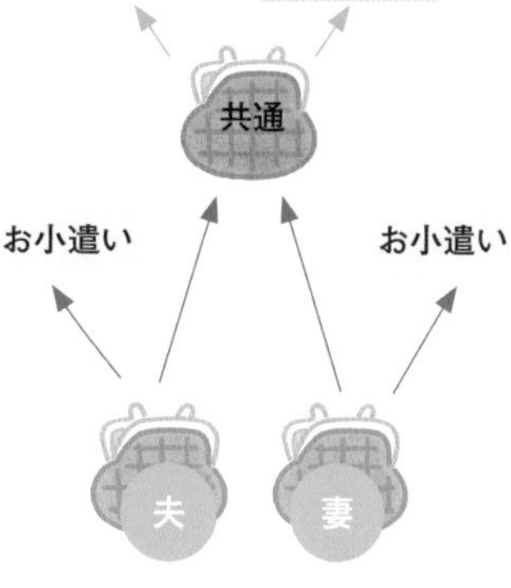

○ 共通財布に入れた残りのお金は、各自、自由にお小遣いとして使える。

○ 共通財布から支払う生活費や貯蓄を夫婦で把握できる。

△ それぞれの無駄遣いが見過ごされがち。収入が増えたら共通財布に入れる金額を増やすのもおすすめ。

完全別財布

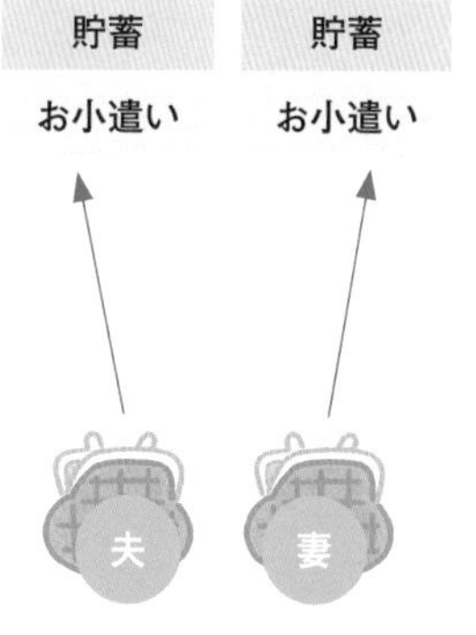

○ それぞれが担当している支出を払った残りのお金は、自由に使える。

△ お互いの貯蓄額が不透明。定期的に生活費の合計や貯蓄額を共有できるとよい。

△ 支出項目が増えるたびに、どちらがいくら出すか話し合いが必要。

気をつけよう

なにはともあれ話し合いが大切

長い人生、収入や支出は時期によって大きく変化します。ですから一度家計管理のパターンを決めたとしても、そのときどきの状況に応じて臨機応変に見直したいもの。そのためにも、普段からお金やライフプランについての話し合いをしっかりできる関係であり続けたいですね。

35

お金が貯まる家計とは?

「食費」を節約する前に……

\ Message /

節約には、意外と知られていない「正しい優先順位」があるんだよ。

「節約」と聞くと真っ先に「食費や水道光熱費を減らさなければ」と考える人は少なくありません。でも実は、これらは節約の優先順位としては高くありません。節約は、①家計に占める金額が小さいものより大きいもの、②我慢のいるものより我慢のいらないもの、③効果が持続しないものより効果が持続するもの、という順番で取り組むことがポイント。つまり、金額の大きな固定費からメスを入れていくのが鉄則なのです。

その代表格が住居費や保険料。特に住居費をどう抑えられるかで、人生におけるお金の自由度は大きく違ってきます。すでにマイホームを購入している人は住宅ローンを見直してみるのもいいかもしれません。保険も、見直し方次第では保険料を減らしながら保障を充実させられる可能性があります。

しかも、固定費の多くは、食費や被服費のように、減らしたからといって生活の中で何かを我慢する必要もないのです。

節約の3つのポイント

POINT
1 **金額が大きいもの**

節約するなら、家計に占める割合が小さいものよりも、大きいものを優先します。

POINT
2 **我慢のいらないもの**

無理して切り詰める毎日だと、生活が息苦しく、長続きしません。

POINT
3 **効果が持続するもの**

保険料や携帯電話の料金プランなどは、見直しをすれば継続して節約できます。

使っていない
サブスクリプション
を確認してみよう

食費の場合

POINT 1 ✖ 特売品を探して回っても、数十〜数百円の節約にしかならない。

POINT 2 ✖ 食べたいものを我慢したり、量を減らしたりする努力が必要。

POINT 3 ✖ 買い物の節約効果はその1回のみ。買い物のたびに頑張らなくてはならない。

複数のスーパーをめぐって10円、100円単位で切りつめて頑張っても、それほど大きな節約効果は望めません。後回しでOK！

保険料の場合

POINT 1 ○ 保険料を月2500円安いプランに変更すると、年間3万円の節約になる！

POINT 2 ○ 日常生活を送るうえで、特に我慢する必要はない。

POINT 3 ○ 一度、変更手続きをするだけで、その後もずっと効果が続く。

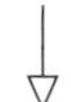

保障内容を見直してプランを変更したり解約したりすると大きな節約に。楽にきっちり節約するには、まず固定費の見直しを！

36

お金が貯まる家計とは？

保険は、不足分だけ補えばOK！

＼ Message ／

保険料で家計が圧迫されては本末転倒。常にジャストサイズな保障をめざそう。

節約の優先順位でも上位にくるのが「保険料」。生命保険や医療保険は、大黒柱に万が一のことがあったり、思わぬ病気やけがをしたりした際に重要な役割を果たしてくれます。しかし、必要以上の保障をつけて保険料が家計を圧迫してしまっては本末転倒です。

保障をスリム化するために知っておきたいのが、公的保障です。公的年金制度には障害年金や遺族年金もありますし、会社員であれば病気やけがで働けなくなった場合に健康保険から傷病手当金が支給されます。

また、一般的に必要な死亡保障は結婚したり、子どもが生まれたりすると大きくなりますが、共働きを続けるのならそこまで大きな保障は不要ですし、子どもの成長に伴って徐々に減っていきます。商品もどんどん改良されていきます。ですから、加入したら終わりというのではなく、数年に一度、保障や商品を見直すことで保険料を減らせる可能性があります。

必要な保障額は？

〈主な公的保障〉

遺族基礎年金、遺族厚生年金	障害基礎年金、障害厚生年金	傷病手当金、労災保険
条件を満たした年金加入者の遺族に支払われる。	障害の程度に応じて、一定金額が支給される。	会社員が病気で働けないなどの場合に給付される。

万が一のときに**必要なお金** － 万が一のときに**用意できるお金** ＝ **必要保障額**

今後の生活費、教育資金やローンの返済など、万が一のときに必要になるお金の合計。

公的保障、貯蓄、会社からの死亡退職金など、万が一のときに用意できるお金の合計。

万が一のときに不足する金額。この額が、民間の保険で用意しておきたい保障額。

（　　　　）万円 － （　　　　）万円 ＝ （　　　　）万円

亡くなった場合、病気で働けない場合など、ケースごとに計算してみよう

〈主な民間の保険〉

生命保険
掛け捨て型の「定期保険」「収入保障保険」、貯蓄型の「終身保険」「養老保険」など。

医療保険
一般的な医療保険のほか、がんや女性特有の病気の保障を強化したものもある。

学資保険
親に万が一のことがあってもなくても子どもの教育費を確実に準備する。

個人年金保険
万が一のときの死亡保険金を確保しつつ、老後の生活費を準備する。

覚えておこう

「貯蓄型」と「掛け捨て型」で保険料は大きく違う

保険料が高い、安いという話をするときに意識したいのが「貯蓄型」なのか「掛け捨て型」なのかという点。月の保険料が3万円でも、貯蓄代わりの保険であれば一概に「高いからNG」とはいえません。一方、掛け捨て型の医療保険が月1万円なら高いといえるかも。貯蓄型と掛け捨て型では、保険料の水準も、その意味合いも大きく違います。

37

税金を抑えるコツ

「控除」を活かして節税する

＼ Message ／

収入が同じでも「控除」をうまく活用すれば使えるお金を増やすことができるよ。

収入がずっと右肩上がりとはいかない時代。少しでも使えるお金を増やすための重要ワードといえるのが「控除」です。

控除とは、税金の計算をする際に収入から差し引く金額のことを指します。控除の金額が大きいほど納めるべき税金が少なくなり、結果的に手元に残る金額が多くなるというわけです。

控除には、年間に一定額の医療費がかかった場合に受けられる「医療費控除」、住宅ローンを組んでマイホームを購入した場合に受けられる「住宅ローン控除」、生命保険料を支払った場合に受けられる「生命保険料控除」などいろいろな種類があります。第6章で説明しますが、iDeCoが節税につながるといわれているのは「小規模企業共済等掛金控除」の対象となるからですし、近年注目を集めている「ふるさと納税」がお得なのも「寄附金控除」の対象になるからなのです。

主な控除を知ろう

＼医療費が10万円を超えた／

医療費控除※

本人と家族の医療費を合計して年10万円を超えた場合、10万円を超えた分の金額の所得控除を受けられます。

＼地震保険料を支払った／

地震保険料控除

火災保険は原則、控除の対象となりませんが、地震保険に加入して保険料を支払っている場合、最高5万円の所得控除を受けられます。

＼生命保険料を支払った／

生命保険料控除

生命保険料、介護医療保険料、個人年金保険料を支払った場合、合計で最高12万円の所得控除を受けられます。

＼小規模企業共済等の掛金を支払った／

小規模企業共済等掛金控除

小規模企業共済や、iDeCo（→P194）に加入している場合、支払った掛金の全額を所得控除できます。

＼寄附をした／

寄附金控除

特定の団体などに寄附した場合、自己負担額の2000円を差し引いた金額が所得税や住民税から控除されます。

住宅ローン控除は、所得税額や住民税額から直接差し引くから大きな節税効果に！

＼住宅ローンを組んだ／

住宅ローン控除

住宅ローン控除が適用になる場合、一定の年数、毎年のローンの年末残高をもとに計算した金額を所得税額・住民税額から控除できます。

「ふるさと納税」も寄附金控除の一種。住民税からも控除される「特例控除」だよ
→P94

※総所得金額が200万円未満の人は、その5％の金額を超えた分を所得控除。また、医療費控除の特例として、セルフメディケーション（自分の判断で不調を手当てする自主服薬のこと）なら年1万2000円超でOK。

38

税金を抑えるコツ

「ふるさと納税」で賢く&楽しく節約

Message

家計も税金も節約できるふるさと納税。ポイントを押さえ賢く活用しよう。

数ある控除のなかでも近年最も注目を集めているのが「ふるさと納税」です。自治体に寄附をすると地元の特産品や工芸品などの返礼品をもらうことができる一方、自己負担額の2000円を除いた金額が税金から控除されるとあって、すでに活用している人も多いのではないでしょうか。

ふるさと納税が浸透したきっかけといえるのが「ワンストップ特例制度」と呼ばれる寄附金控除の申請の簡素化です。年間に寄附した自治体が5つ以内であれば、自治体に「寄附金税額控除に係る申告特例申請書」を提出することで確定申告をしなくても寄附金控除を受けることができます。

ただし、医療費控除や住宅ローン控除など別の控除を受けるために確定申告をする場合には、改めて確定申告で寄附金控除を申請し直さないと無効になるので要注意。また、控除になる金額には収入や家族構成に応じて上限があります。しっかりと確認しておくようにしましょう。

寄附する人が急増中！

ふるさと納税の現況

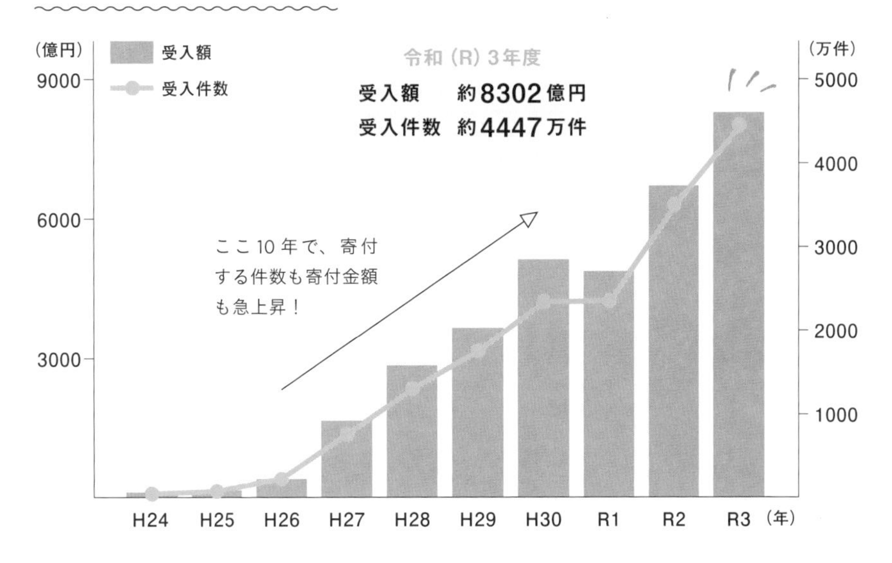

人気の自治体ベスト3（令和3年度、受入額ベース）

北海道紋別市

オホーツク海沿岸に位置。カニ、アワビ、ホタテなどの魚介類が人気。

宮崎県都城市

トップクラスの畜産産出額を誇る。牛、豚、鶏肉のほか、多様な焼酎にも注目。

北海道根室市

北海道の東端に位置。花咲ガニ、エゾバフンウニ、いくらなどが評判。

「ふるさと納税に関する現況調査結果」（令和4年度実施、総務省）をもとに作成。

得するメモ

寄附ついでにポイントやマイルも狙おう！

ふるさと納税を取り扱っているサイトのなかには、寄附をした金額に応じて、楽天ポイントやマイルがもらえたり、Amazon ギフトカードがもらえたりするところも。

クレジットカード決済で寄附を行えば、クレジットカードのポイントも貯まりますよ。

39

リタイア後を支えるお金

公的年金は、生涯ずっと受け取れる

\ Message /

人生100年時代、何歳まで生きても無期限でもらえる公的年金は大きな安心。

リタイア後を支えるお金のベースになるのが、公的年金です。公的年金制度は2階建てになっており、1階部分である国民年金(基礎年金)は、原則、20歳から60歳まで40年間、年金保険料を納める必要があります。その上の2階部分にあたるのが、会社員や公務員が加入する厚生年金です。国民年金のみに加入する自営業者は第1号被保険者といい、会社員や公務員は第2号被保険者。専業主婦(主夫)などの第2号被保険者の配偶者は、第3号被保険者と呼ばれます。

先行きが危ぶまれている公的年金制度ですが、なんといっても最大のメリットは「生きている間ずっと受け取れる」こと。人生100年時代、何歳まで生きても無期限でもらえる公的年金が持つ安心感は大きなものです。「年金だけで生活する」ことは夢のまた夢であったとしても、老後生活を支えるベースとして制度をしっかり理解して活用したいものです。

年金制度のしくみ

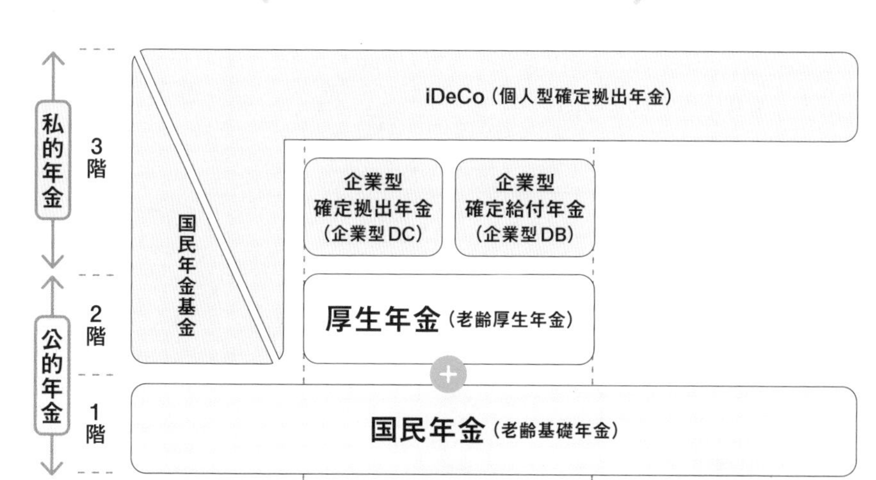

自営業者・学生・フリーランス（第1号被保険者）	会社員・公務員（第2号被保険者）	専業主婦（主夫）（第3号被保険者）
20～60歳まで40年加入した場合（受給額は65歳から受け取る）		
保険料総額：約793万円 受給額：約79.5万円／年 65～85歳で約1590万円	平均月収30万円の場合 保険料総額：約1318万円 受給額：約158.4万円／年 65～85歳で約3168万円	保険料総額：負担なし 受給額：第1号と同じ

＊2023年度の保険料【第1号は月額1万6520円、第2号は報酬月額30万円として月額2万7450円】と年金額【老齢基礎年金は月額6万6250円、老齢厚生年金は平均報酬月額30万円で78.9万とした】をもとに試算。

もらえるのは老後の年金だけじゃない

公的年金というと老後にもらえる年金（老齢年金）を思い浮かべる人が多いですが、実は、障害を負ったときの障害年金や大黒柱を亡くしたときの遺族年金もあります。老後の生活はもちろん、現役時代においてもいざというときの生活を守ってくれるのが公的年金制度なのです。

40

リタイア後を支えるお金

「ねんきんネット」で年金額をチェック

＼ Message ／

「ねんきんネット」を使いこなせば、よりリアルに老後の生活設計ができるよ。

年金制度の概要を理解したところで気になるのが、実際のところいくらもらえるのか、ということ。

公的年金がいくらもらえるのかがわからないままだと、老後の生活設計も漠然としてしまいます。そこで活用したいのが、「ねんきんネット」です。「ねんきんネット」では、インターネット上でいつでも自分の年金記録を確認することができます。また、さまざまな条件を設定しながら、将来受け取る年金の見込み額を試算することも可能です。

「ねんきんネット」にアクセスするのが面倒な場合には、毎年誕生月に郵便で送られてくる「ねんきん定期便」をしっかり確認しましょう。現在までの年金保険料の納付状況で年金がいくら受け取れそうか、年額での見込み額が記載されています。基本ははがきですが、35歳・45歳・59歳の誕生月にはこれまでの全期間の加入履歴が記載されたものが封書で届きます。

ねんきんネットを利用しよう

ねんきんネットの利用登録に必要なもの

基礎年金番号
「基礎年金番号通知書」や「年金手帳」に記載される10桁の番号。

アクセスキー
「ねんきん定期便」に記載される17桁の番号。有効期間は到着後3ヵ月。

または

マイナンバーカード
個人番号カードのこと。これがあれば、アクセスキーなしでも登録可能。

利用登録のステップ

STEP 1 「ねんきんネット」（https://www.nenkin.go.jp/n_net/index.html）にアクセス

STEP 2 ［新規登録］をクリック

STEP 3 アクセスキーやマイナンバーカードの有無に応じて登録方法を選び、手続きを進める

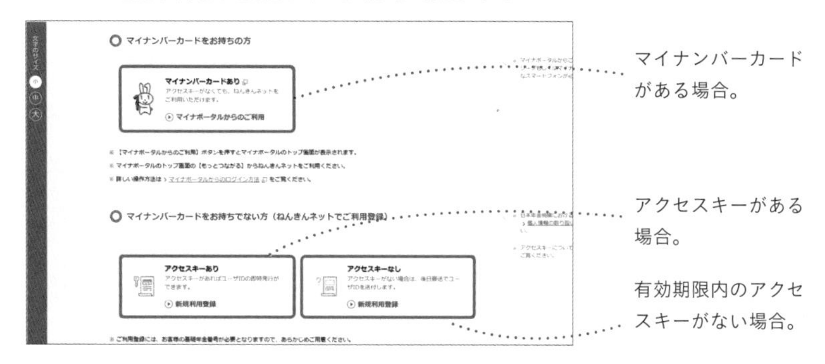

STEP 4 ユーザーIDが発行されたら、利用可能

GOAL

ねんきん定期便はココをチェック！

毎年、誕生月に郵便で届く「ねんきん定期便」には、公的年金の情報が詰まっています。確認するポイントを押さえておきましょう。

＊以下は、令和5年度5月以降送付分の例。

50歳未満の人

これまで支払った保険料に基づく額

表面

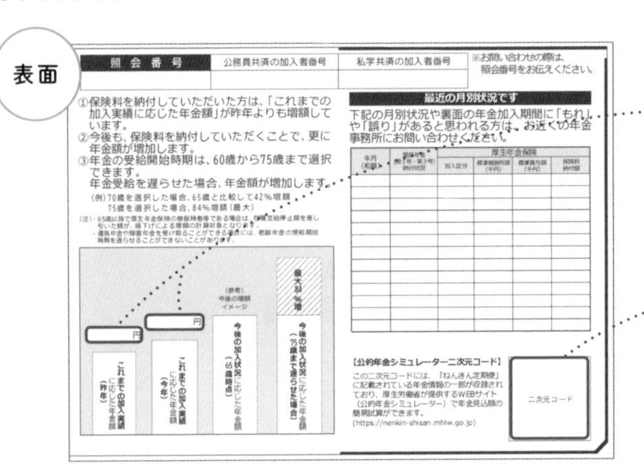

照会番号	公務員共済の加入者番号	私学共済の加入者番号

※お問い合わせの際は、照会番号をお伝えください。

①保険料を納付していただいた方は、「これまでの加入実績に応じた年金額」が昨年よりも増額しています。
②今後も、保険料を納付していただくことで、更に年金額が増加します。
③年金の受給開始時期は、60歳から75歳まで選択できます。
年金受給を遅らせた場合、年金額が増加します。
(例)70歳を選択した場合、65歳と比較して42%増額
75歳を選択した場合、84%増額(最大)

最近の月別状況です

下記の月別状況や裏面の年金加入期間に「もれ」や「誤り」があると思われる方は、お近くの年金事務所にお問い合わせください。

年月(和暦)	国民年金(第1号・第3号)納付状況	厚生年金保険 加入区分	標準報酬月額(千円)	標準賞与額(千円)	保険料納付額

これまでの加入実績に応じた年金額(昨年) 円
これまでの加入実績に応じた年金額(今年) 円
(参考)今後の増額イメージ
今後の加入状況に応じた年金額(65歳時点)
最大84%増
今後の加入状況に応じた年金額(75歳まで遅らせた場合)

【公的年金シミュレーター二次元コード】

この二次元コードには、「ねんきん定期便」に記載されている年金情報の一部が収録されており、厚生労働省が提供するWEBサイト(公的年金シミュレーター)で年金見込額の簡易試算ができます。
(https://nenkin-shisan.mhlw.go.jp)

二次元コード

年金額
これまでの加入実績に応じて計算された年金額。

公的年金シミュレーター
この二次元コードを読み込むと、年金見込み額の簡易試算ができる。

裏面

年金加入期間
これまで加入していた年金の種類と加入期間。

1. これまでの保険料納付額(累計額)

(1) 国民年金保険料(第1号被保険者期間)	円
(2) 厚生年金保険料(被保険者負担額)	
一般厚生年金期間	円
公務員厚生年金期間	円
私学共済厚生年金期間	円
(1)と(2)の合計	円

お客様へのお知らせ

2. これまでの年金加入期間(老齢年金の受け取りには、原則として120月以上の受給資格期間が必要です)

国民年金(a) 第1号被保険者(未納月数を除く)	第3号被保険者	国民年金 計(未納月数を除く)	付加保険料納付済月数	船員保険(c)	年金加入期間 合計(未納月数を除く)(a+b+c)	合算対象期間等(d)	受給資格期間(a+b+c+d)
月	月	月	月	月	月	月	月

厚生年金保険(b) 一般厚生年金	公務員厚生年金	私学共済厚生年金	厚生年金保険 計
月	月	月	月

ねんきんネットの「お客様のアクセスキー」

※「お客様のアクセスキー」の有効期限は、本状到着後、3カ月です。

3. これまでの加入実績に応じた年金額
(今後の加入状況に応じて年金額は増加します※表面の図もご覧ください)

(1) 老齢基礎年金	円
(2) 老齢厚生年金	
一般厚生年金期間	円
公務員厚生年金期間	円
私学共済厚生年金期間	円
(1)と(2)の合計	円

※一般厚生年金期間の報酬比例部分には、厚生年金基金の代行部分を含んでいます。

右のマークは目の不自由な方のための音声コードです。
「ねんきん定期便」の見方は
ねんきん定期便 見方 検索
(https://www.nenkin.go.jp/service/nenkinkiroku/torikumi/teikibin/teikibin.html)

受給資格期間
受給資格を得るには、120ヵ月(10年)以上必要。

「ねんきんネット」のアクセスキー
(→ P99)

年金額
加入実績に応じて計算された年金額(老齢基礎年金＋老齢厚生年金)。

50歳未満と50歳以上とで「年金額」の意味合いが異なる

50歳未満では、現在までの加入実績に応じた年金額が記載されます。今後加入を続けると年金額も増加します。一方、50歳以上では、現在の給与水準が60歳まで続いた場合の、現実的な見込み額がわかります。

50歳以上の人

表面

65歳から受け取れる年金見込み額

60歳まで支払った場合の見込み額

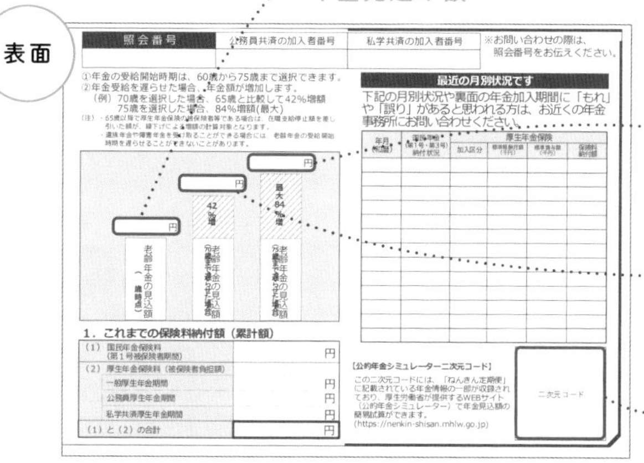

照会番号	公務員共済の加入者番号	私学共済の加入者番号

※お問い合わせの際は、照会番号をお伝えください。

①年金の受給開始時期は、60歳から75歳まで選択できます。
②年金受給を遅らせた場合、年金額が増加します。
（例）70歳を選択した場合、65歳と比較して42%増額
75歳を選択した場合、84%増額(最大)
（注）・65歳以降で厚生年金保険の被保険者等である場合は、在職支給停止額を差し引いた額が、繰下げによる増額の計算対象となります。
・遺族年金や障害年金を受け取ることができる場合には、老齢年金の受給開始時期を遅らせることができないことがあります。

最近の月別状況です

下記の月別状況や裏面の年金加入期間に「もれ」や「誤り」があると思われる方は、お近くの年金事務所にお問い合わせください。

年月（和暦）	国民年金（第1号・第3号）納付状況	厚生年金保険 加入区分	標準報酬月額（千円）	標準賞与額（千円）	保険料納付額

1．これまでの保険料納付額（累計額）

（1）国民年金保険料（第1号被保険者期間）	円
（2）厚生年金保険料（被保険者負担額）	
一般厚生年金期間	円
公務員厚生年金期間	円
私学共済厚生年金期間	円
（1）と（2）の合計	円

【公的年金シミュレーター二次元コード】

この二次元コードには、「ねんきん定期便」に記載されている年金情報の一部が収録されており、厚生労働省が提供するWEBサイト（公的年金シミュレーター）で年金見込額の簡易試算ができます。
(https://nenkin-shisan.mhlw.go.jp)

二次元コード

受給開始を75歳まで遅らせた場合の年金見込み額。

受給開始を70歳まで遅らせた場合の年金見込み額。

公的年金シミュレーター

裏面

年金加入期間

これまで加入していた年金の種類と加入期間。

2．これまでの年金加入期間（老齢年金の受け取りには、原則として120月以上の受給資格期間が必要です）

国民年金（a） 第1号被保険者（未納月数を除く）	第3号被保険者	国民年金 計（未納月数を除く）	付加保険料納付済月数	船員保険（c）	年金加入期間 合計（未納月数を除く）（a+b+c）	合算対象期間等（d）	受給資格期間（a+b+c+d）
月	月	月	月	月	月	月	月

厚生年金保険（b） 一般厚生年金	公務員厚生年金	私学共済厚生年金	厚生年金保険 計
月	月	月	月

3．老齢年金の種類と見込額（年額）（60歳未満の方は現在の加入条件が60歳まで継続すると仮定して見込額を計算しています）

受給開始年齢	歳〜	歳〜	歳〜	歳〜
（1）基礎年金				老齢基礎年金 円
（2）厚生年金	特別支給の老齢厚生年金	特別支給の老齢厚生年金	特別支給の老齢厚生年金	老齢厚生年金
一般厚生年金期間		（報酬比例部分） 円 （定額部分） 円	（報酬比例部分） 円 （定額部分） 円	（報酬比例部分） 円 （経過的加算部分） 円
公務員厚生年金期間	（報酬比例部分） 円 （定額部分） 円 （経過的職域加算額（共済年金）） 円	（報酬比例部分） 円 （定額部分） 円 （経過的職域加算額（共済年金）） 円	（報酬比例部分） 円 （定額部分） 円 （経過的職域加算額（共済年金）） 円	（報酬比例部分） 円 （経過的加算部分） 円 （経過的職域加算額（共済年金）） 円
私学共済厚生年金期間	（報酬比例部分） 円 （定額部分） 円 （経過的職域加算額（共済年金）） 円	（報酬比例部分） 円 （定額部分） 円 （経過的職域加算額（共済年金）） 円	（報酬比例部分） 円 （定額部分） 円 （経過的職域加算額（共済年金）） 円	（報酬比例部分） 円 （経過的加算部分） 円 （経過的職域加算額（共済年金）） 円
（1）と（2）の合計	円	円	円	円

お客様へのお知らせ

※年金見込額は今後の加入状況や経済動向などによって変わります。あくまで目安としてください。
※一般厚生年金期間の報酬比例部分には、厚生年金基金の代行部分を含んでいます。
右のマークは目の不自由な方のための音声コードです。

ねんきんネットの「お客様のアクセスキー」

※「お客様のアクセスキー」の有効期限は、本状到着後、3カ月です。

「ねんきん定期便」の見方は
ねんきん定期便 見方 検索

受給資格期間

受給資格を得るには、120ヵ月（10年）以上必要。

年金額

このまま60歳まで加入した場合に、65歳から受け取れる年金見込み額（老齢基礎年金＋老齢厚生年金）。

GOAL

41

リタイア後を支えるお金

「思い切り働く」ことが年金を増やす

＼Message／

公的年金を増やしたいなら、「思い切り働く」ということもひとつの選択肢。

将来もらえる公的年金が少なそうで心許ない……。そう思ったらぜひ検討してほしいことがあります。それが「思い切り働く」ということ。貯蓄やiDeCoへの加入といった備えもとても大切ですが、「生きている間ずっと受け取れる」公的年金を増やしておくに越したことはありません。

厚生年金に加入すると、公的年金は1階建てではなく2階建てとなります。アルバイトやパートとして働いている場合でも、労働時間や労働日数が一般の社員の4分の3以上など一定の条件を満たせば厚生年金に加入、つまり公的年金を増やすことができます。それだけではありません。厚生年金の保険料は会社と自分とで折半する決まりなので、保険料の半分は会社に出してもらえることになります。103万円の壁を気にして仕事をセーブしていた人も、「思い切り働く」という選択肢をとることで、目先の収入はもちろん、将来の公的年金も増やすことができるのです。

働き方で公的年金が変わる

厚生年金に加入することで、受け取れる公的年金が2階建てになり、
基礎年金にプラスして厚生年金も受け取れるようになります。

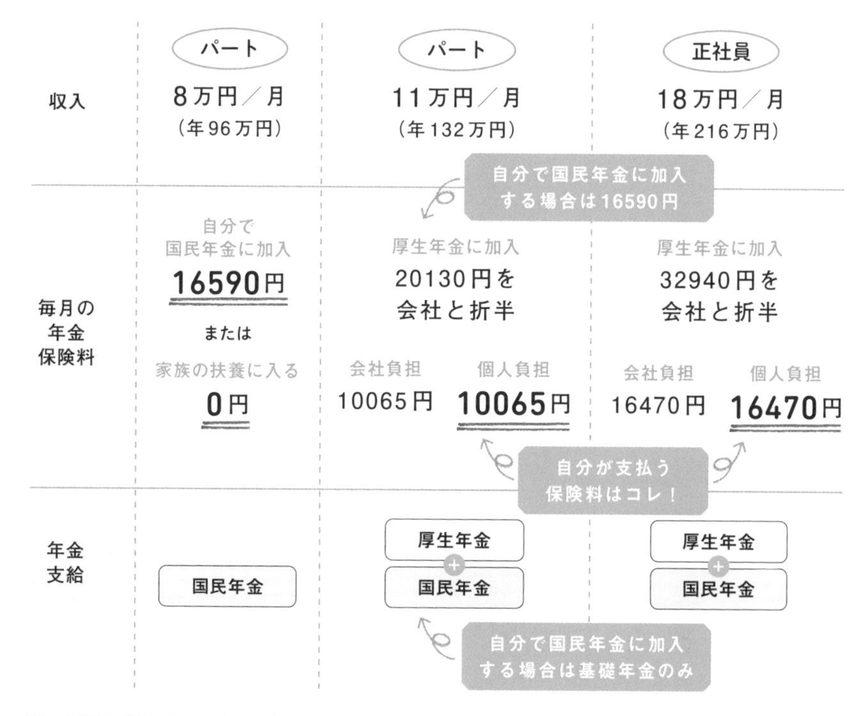

パート
パート
正社員
収入
8万円／月
（年96万円）
11万円／月
（年132万円）
18万円／月
（年216万円）
自分で国民年金に加入する場合は16590円
毎月の年金保険料
自分で国民年金に加入
16590円
または
家族の扶養に入る
0円
厚生年金に加入
20130円を会社と折半
会社負担
10065円
個人負担
10065円
厚生年金に加入
32940円を会社と折半
会社負担
16470円
個人負担
16470円
自分が支払う保険料はコレ！
年金支給
国民年金
厚生年金
国民年金
厚生年金
国民年金
自分で国民年金に加入する場合は基礎年金のみ

「社会保険適用拡大ガイドブック」（厚生労働省）、「令和5年度保険料額表」（全国健康保険協会）をもとに作成。
保険料額は、東京都の場合で算出。

パートが厚生年金に加入する条件

従業員が100人以下の会社

下のどちらにも当てはまる場合

- ☑ 1週間の勤務時間が正社員の4分の3以上
- ☑ 1ヵ月の勤務日数が正社員の4分の3以上

従業員が101人以上※の会社

下のすべてに当てはまる場合

- ☑ 勤務時間が週20時間以上
- ☑ 収入が月額88000円以上
- ☑ 2ヵ月を超えて勤務見込み
- ☑ 学生（昼間部）ではない

※2024年10月以降は、従業員数51人以上の企業も新たに対象となります。

42

リタイア後を支えるお金

会社の年金制度を確かめる

Message

ここでは第2号被保険者の私的年金を作るための制度を見ていこう。

会社員や公務員の人にとって「公的年金は2階建て」といえますが、年金をさらに手厚くしたいなら、会社や個人で加入する私的年金である3階部分についても制度をしっかりと理解し、活用していきましょう。

私的年金を作るための制度はさまざまありますが、会社員の人であれば、勤め先の企業年金の有無やその内容を確認するところから始めましょう。

企業年金には、大きく確定給付年金（DB）と確定拠出年金（DC）があります。どちらも掛金は企業が出してくれますが、前者は給付額、つまり掛金が「確定」しているのに対し、後者は拠出額が「確定」しているだけで、実際にいくら給付されるかは私たちが自分で行う運用結果次第です。

また、話題のiDeCoも私的年金制度の1つです。iDeCoは個人型の確定拠出年金。つまり、個人が掛金を出し、その拠出額は確定しているものの、いくら給付されるかは運用結果次第ということになります。

会社員が年金を増やす方法

企業型確定給付年金
（企業型 DB）

導入している企業の従業員が対象

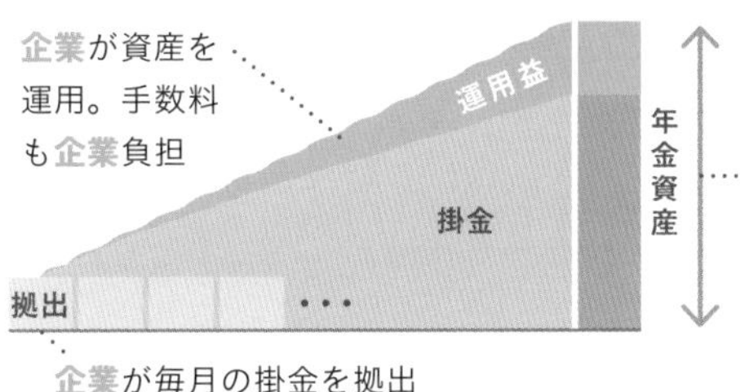

企業型確定拠出年金
（企業型 DC）

導入している企業の従業員が対象

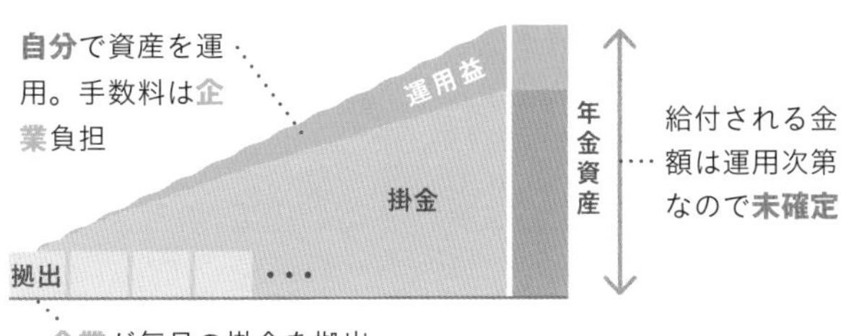

iDeCo
（個人型確定拠出年金）

原則、すべての人が対象

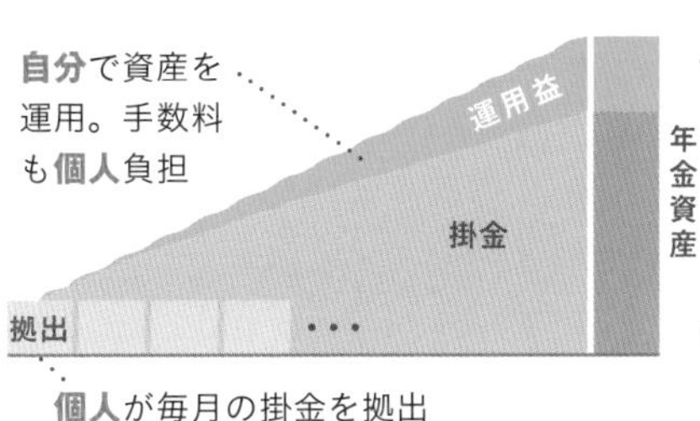

得するメモ

「マッチング拠出」にも注目！

企業型確定拠出年金（企業型 DC）は企業が掛金を拠出しますが、会社によっては希望すれば個人で掛金を上乗せすることができます。これが「マッチング拠出」と呼ばれるしくみ。勤め先にこの制度があるようなら「なるほどそういうことね」と理解して活用を検討しましょう。

43

リタイア後を支えるお金

自営業者が年金を手厚くする方法

＼ Message ／

フリーランスや個人事業主は「国民年金基金」と「iDeCo」を賢く活用しよう。

フリーランスや個人事業主の人は、公的年金の2階部分である厚生年金がありません。ですから、年金を手厚くするためには自ら2階部分を作る必要があります。そのための選択肢は大きく2つあります。それが「国民年金基金」と「iDeCo」です。

「国民年金基金」は20歳以上60歳未満のフリーランスや自営業者が加入できる制度。支払える掛金に合わせて口数や給付の型を選択でき、国民年金のように終身で受け取れるのが特徴です。「iDeCo」については第6章で詳しく説明しますが、「国民年金基金」は毎月受け取れる年金額があらかじめ確定しているのに対し、「iDeCo」は運用成果次第という点が大きく異なります。「国民年金基金」と「iDeCo」はどちらも大きな節税効果がありますが、掛金は合算で月6万8000円までしか加入できないので、それぞれの特徴をしっかり把握したうえで使い分けましょう。

自営業者が年金を増やす方法

フリーランスや個人事業主の人が国民年金に上乗せして年金を増やす方法としては主に「国民年金基金」と「iDeCo」があります。公的年金に上乗せされる「付加年金」の活用もおすすめです。

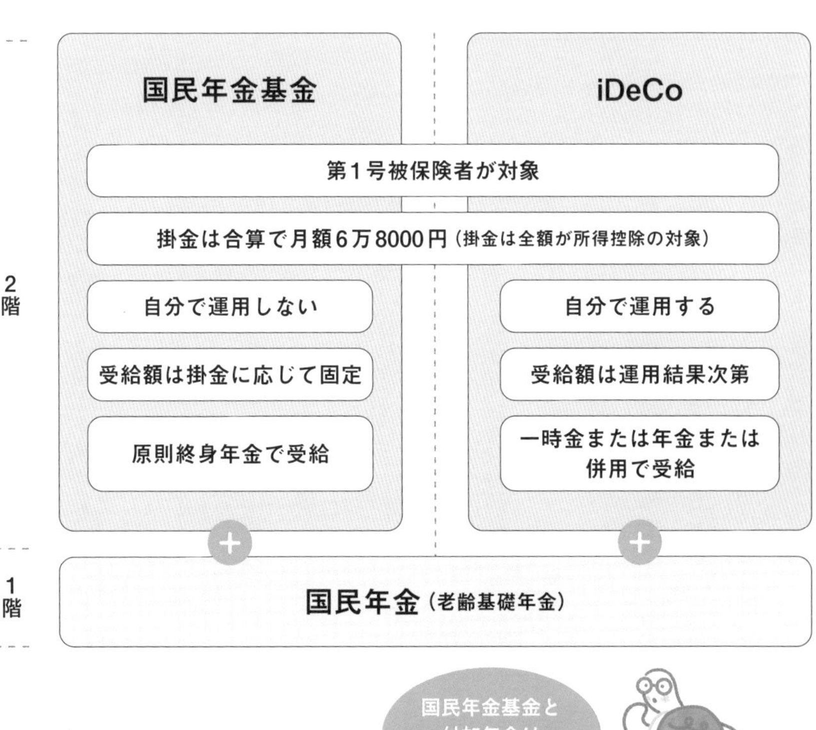

国民年金基金と
付加年金は
併用できないよ

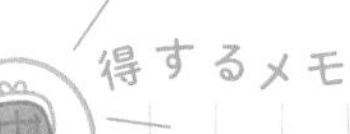

自営業者は「付加年金」も◎

自営業者などの第１号被保険者が公的年金を増やしたい場合に活用したいお得な制度が、「付加年金」。毎月の保険料に400円プラスすると、「200円×納めた月数」が将来の老齢基礎年金（年額）に上乗せされます。計算すると、２年以上年金をもらえばモトが取れることに。市区役所や町村役場の窓口で申し込みできます。

第2章 家計の見直し&将来受け取るお金を知る

リタイア後を支えるお金

「じぶん年金」づくりの選択肢は多い

Message

老後の生活費をしっかり準備したいなら、「じぶん年金」を作ろう。

公的年金や企業年金だけに頼らず、自分でもしっかり老後の生活費を準備したい……そんな場合には、自助努力で自分のための年金、つまり「じぶん年金」を作りましょう。

「じぶん年金」づくりにはさまざまな選択肢がありますが、大きく分けると、「預金」「保険」「投資」の3つに分類できます。毎月、自動積立でコツコツ預金をするのもひとつの方法ですし、個人年金保険などの貯蓄型保険を活用するのもよいでしょう。また、限られた元手で少しでも多くのお金を準備したいのであれば、NISA（ニーサ）やiDeCoなどの制度を味方につけて投資をするのがおすすめです。毎月の先取り貯蓄のうち、1万円を定期預金に、1万円を個人年金保険に、そして1万円をつみたてNISAやiDeCoといった制度を通じて投資信託の積立に……といった具合に組み合わせると、それぞれの「いいとこ取り」ができるかもしれません。

3タイプの「じぶん年金」づくり

「預金」「保険」「投資」それぞれの方法でじぶん年金を作る場合のメリットとデメリットを見てみましょう。

「預金」

金融商品の例

- 定期預金
- 財形年金貯蓄

○ メリット

- 面倒な申し込み手続きが不要で、すぐ始められる
- 必要なときに引き出して使いやすい

△ デメリット

- ほとんど利息がつかない
- すぐ引き出せる分、老後まで確保しておくのが難しい

「保険」

金融商品の例

- 個人年金保険
- 民間の介護保険

○ メリット

- じぶん年金を準備しながら保障も得られる
- 生命保険料控除により節税ができる

△ デメリット

- 早期解約だと元本割れする
- 保障にもお金が回るため、「増える」効果は少ない

「投資」

金融商品の例

- 投資信託
- 株式投資

○ メリット

- 運用次第で大きく増える可能性がある
- NISA や iDeCo を活用すると節税にもなる

△ デメリット

- 運用次第でマイナス（元本割れ）になることも
- 手数料がかかる

「生命保険料控除」をフル活用しよう

生命保険や医療保険に加入すると、それぞれ最大で所得税４万円、住民税2.8万円の控除が受けられますが、実は個人年金保険にも控除枠が設けられています。個人年金保険に加入することで「じぶん年金」が上乗せされるだけでなく、節税にもつながるというわけです。

一般の生命保険料控除の上限	+	介護医療保険料控除の上限	+	個人年金保険料控除の上限	=	生命保険料控除の限度額（合計の上限）
所得税 4万円 住民税 2.8万円		所得税 4万円 住民税 2.8万円		所得税 4万円 住民税 2.8万円		所得税 12万円 住民税 7万円

リタイア後を支えるお金

早く始めて「時間」を味方にしよう

Message

早く始めるのと遅く始めるのとでは、必要な元手が大きく違ってくるんだ。

老後の生活費の準備は、とにかく早く始めるに越したことはありません。なぜなら、早く始めれば始めるほど「時間」が味方してくれるから。

当然ですが、同じ金額を目標にするなら、1年（もっといえば1ヵ月）でも早く始めたほうが毎月の積立額は少なくて済みます。さらに、保険や投資など積立したお金が運用される前提の場合、少しでも早く始めることのメリットは想像以上に大きなものとなります。

仮に利回り6％とした場合、老後の生活費2000万円を10年間で準備するには毎月12万円以上を積立する必要がありますが、30年間なら約2万円で済みます。でも驚くべきはその内訳。2000万円のうち積立金額の合計（元手）を見てみると、10年間の場合は約1465万円なのに対し、30年間の場合は約717万円。約半分の元手で同じ2000万円を貯められるのです。これこそが「時間」が味方してくれるということです。

積立期間が長いほどメリットが大きい

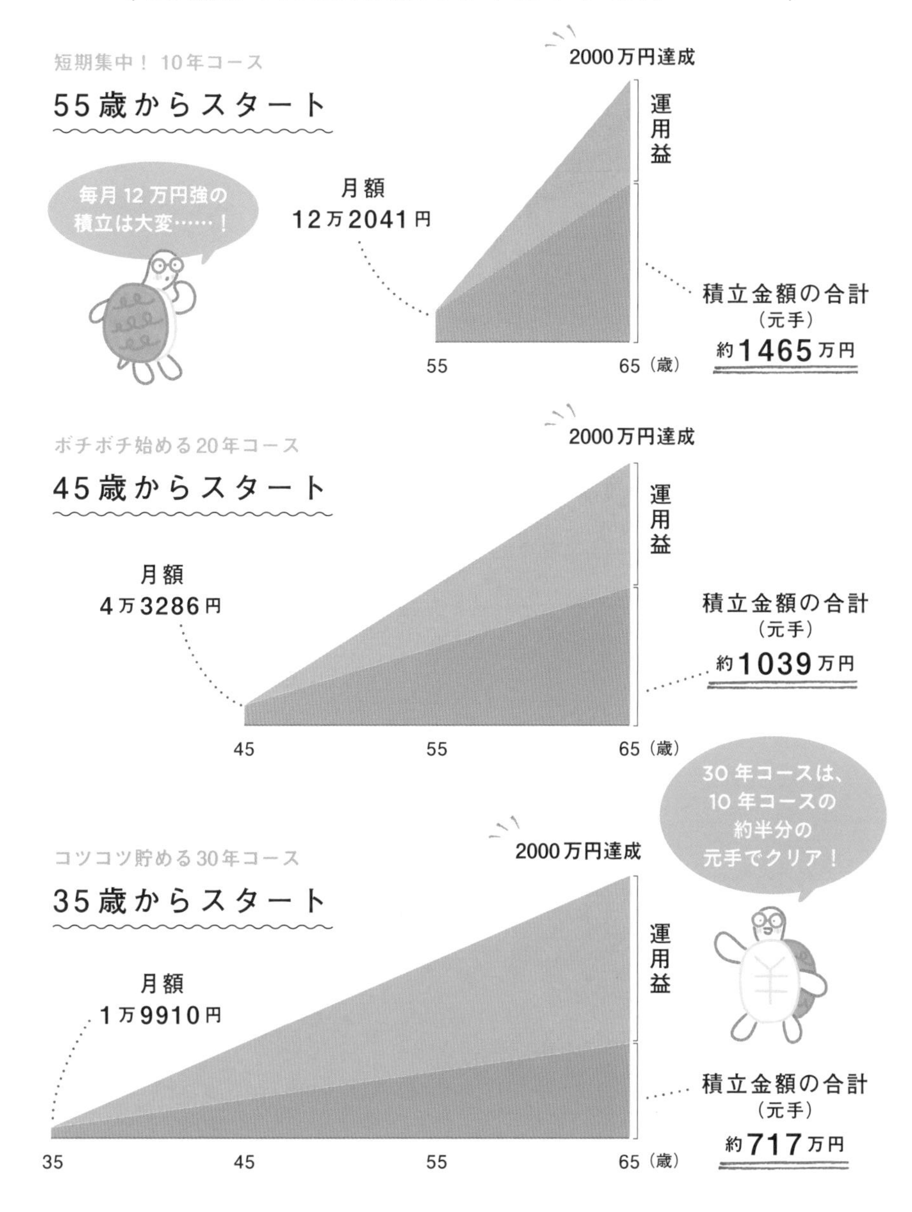
〈65歳までに2000万円を準備する場合（利回り6%）〉
短期集中！ 10年コース
55歳からスタート
毎月12万円強の
積立は大変……！
月額
12万2041円
2000万円達成
運用益
積立金額の合計
（元手）
約1465万円
55
65（歳）
ボチボチ始める20年コース
45歳からスタート
月額
4万3286円
2000万円達成
運用益
積立金額の合計
（元手）
約1039万円
45
55
65（歳）
コツコツ貯める30年コース
35歳からスタート
30年コースは、
10年コースの
約半分の
元手でクリア！
月額
1万9910円
2000万円達成
運用益
積立金額の合計
（元手）
約717万円
35
45
55
65（歳）

お金の名言

「わずかな出銭に気をつけよ。
小さな漏れ口が
大きな船を沈める」

——ベンジャミン・フランクリン

『フランクリン自伝』松本慎一・西川正身訳（岩波書店）

米100ドル札に
肖像画が描かれている
人だよ

第3章

投資の基礎を学んで堅実にお金を増やす

お金に社会に出て働いてもらい、お金を増やすことを「投資」といいます。投資の基本を解説しながら、どんな金融商品があるのか、金融機関をどう選ぶのか、リスクとどう向き合えばよいのかなど、投資初心者におすすめの方法を紹介していきます。

投資の基本

お金に働いてもらってお金を増やす

Message

「お金と共働き」する状態を作ることが、自分らしい人生へとつながるよ。

両親に「無駄遣いは避けて、できるだけ貯金しなさい」といわれて育ったという人は少なくないはず。でも残念ながら今は超がつくほどの低金利の時代。銀行に預けているだけではお金はほとんど増えません。

そこで注目されているのが資産運用、つまり投資です。投資というとギャンブルのようで怖いと思う人もいるかもしれませんが、投資とは「お金に働いてもらうこと」。私たちが働く、つまり社会に労働力を提供して給料を得るのと同じように、私たちのお金に社会に出て働いてもらい、その見返りとして運用成果を得るのが、投資なのです。

自分が働くのと並行して、自分のお金にも働いてもらう。この「お金と共働き」する状態を作ることが、将来のリスクを減らすことにつながります。あなたがシングルであっても、パートナーがいたとしても「お金と共働き」することで、より自由な人生へとつながっていくのです。

「お金と共働き」しよう

自分で働いて お金を増やす

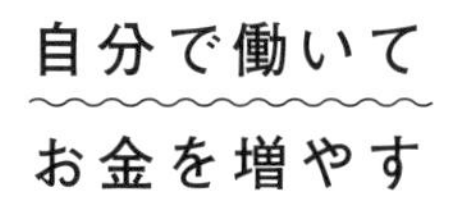

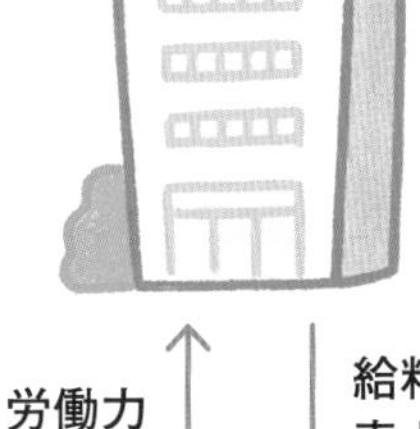

自分で働くことによって、給料や売上など日々の収入を確保します。

お金に働いてもらって お金を増やす

資産運用という形でお金にも働いてもらうことで、配当金や売却益などの収入を得られます。

病気やけがで
自分の稼ぎが
ゼロになっても、
お金の稼ぎが
あると安心！

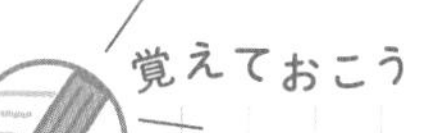

お金は経済社会の「血液」

投資をすることは、経済社会全体にとっても重要な役割を果たしています。経済社会にとってお金は「血液」のようなもの。株式や債券市場を通じた投資や金融機関による融資を通じてお金が流通することで経済が活性化し、私たちの日常生活が支えられているのです。

47

投資の基本

お金が働くと、どれだけ得？

\ Message /

お金を眠らせておくか、働いてもらうかの差は思っているよりも大きいよ。

では実際にお金に働いてもらうと、どのくらい得をすることができるのでしょうか。気になりますよね。100万円をタンス預金に眠らせておいても、何年経ってもお金は増えません。それを金利0・01％の定期預金に20年預けると、税引後の利息は1595円。同じ100万円を投資に回して年利回り3％で運用できると、税引後の利益は60万4115円。5％なら118万4811円。NISA（ニーサ）やiDeCo（イデコ）などの非課税制度を活用すれば利益はさらに大きくなります。お金を眠らせておくか、働いてもらうかの差はこれほどまでに大きいのです。

別の角度から、左図の「30年間で2000万円貯めたい」ケースを見てみましょう。左の条件の場合、定期預金では毎月約5万5500円の積立が必要ですが、投資では毎月約2万4500円と、積立額は半分以下。同じ2000万円を貯めるのでも、これだけ得、というわけです。

2000万円を作るには？

老後の生活費2000万円を30年間で作りたいと考えたとき、定期預金で作る場合と、積立投資（非課税）で作る場合を比べてみました。

〈30年間で目標額2000万円〉

積立定期預金

利回り0.01％の場合

毎月必要な積立額
約5万5500円／月

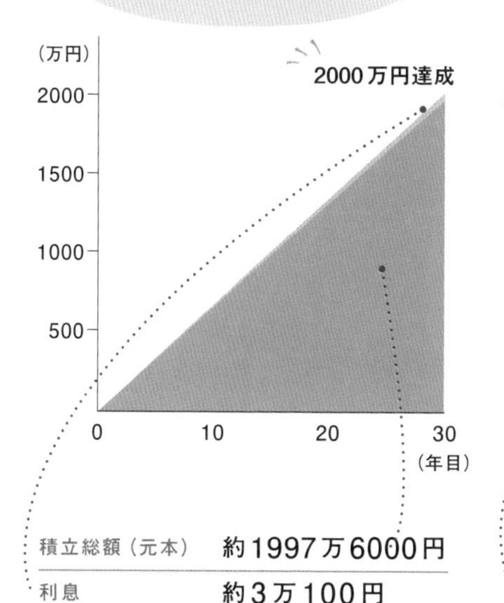

積立総額（元本）	約1997万6000円
利息	約3万100円
課税	約6100円

利息が少ないうえ、所得税などが課税される

積立投資

利回り5％の場合

毎月必要な積立額
約2万4500円／月

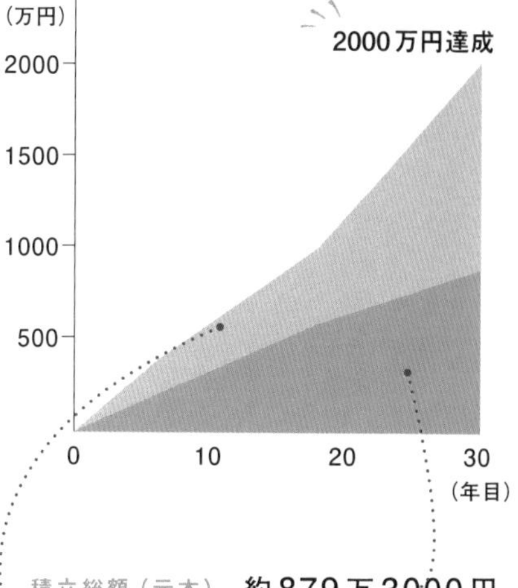

積立総額（元本）	約879万3000円
利息	約1120万7600円
課税	0円

NISAやiDeCoの枠内で投資すれば非課税！

＊利息の端数は切り捨てとし、定期預金は「年複利、満期時一括課税」方式、積立投資は「年複利、非課税」で計算。値を十の位で四捨五入。

GOAL

48

投資の基本

投資の醍醐味は「複利効果」にある

＼ Message ／

少しでも早く投資を始めたほうがよい理由はズバリ「複利効果」にあるよ。

これまで、投資をするなら早く始めるほど時間が味方してくれること、同じ年数でも利回りが高いほど大きく増えるということを学んできました。ここでひとつ、その種明かしともいえる投資の重要ワードを紹介したいと思います。それが「複利（ふくり）」という言葉です。

複利とは、投資によって得た利益を当初の元本に加えたうえで再び投資することを指します。この複利効果には2つの大きな特徴があります。1つは、長期で投資するほど単利（たんり）との差が大きくなっていくこと。そしてもう1つは、利回りが大きいほどその差の開き方も大きくなっていくということです。将来のために賢く資産を増やしていきたいなら、「預金より高い利回りを確保しながら長期で投資し、複利効果を最大限に引き出していく」ということが大きなポイント。どうせ投資をするなら少しでも早く始めたほうがよいという背景には、こうしたカラクリがあるのです。

単利と複利の違い

〈元本100円を利回り10%で運用した場合〉

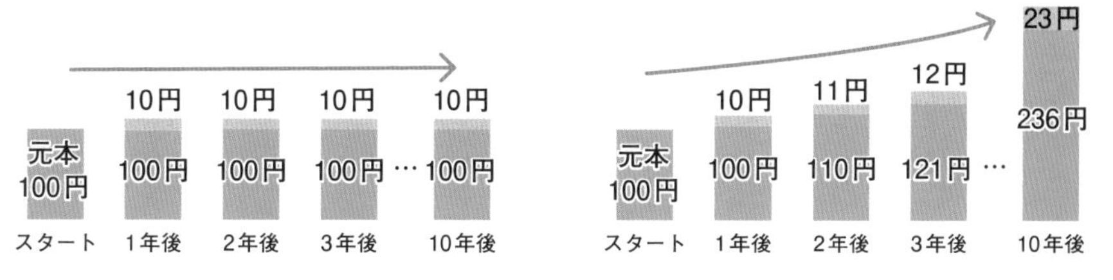

運用結果を比べてみよう

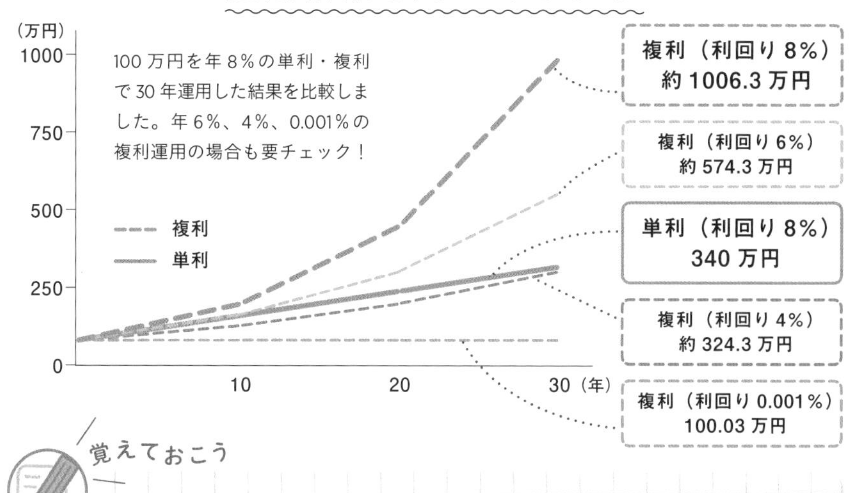

覚えておこう

アインシュタインが複利を絶賛

複利効果については、20世紀を代表する物理学者であるアインシュタインも名言を残しています。それが「複利は人類最大の発明である」というもの。アインシュタインはまた複利を「宇宙で最も偉大な力」と評したともいわれています。複利の力はそれほどまでにすごいのです。

用語 「元本」とは、収益を生み出すもととなるお金のこと。「元手」ということもある。

投資の基本

円高？円安？為替や景気を知ろう

＼ Message ／

投資をするうえでは為替や景気といった経済情勢を把握することも重要なんだ。

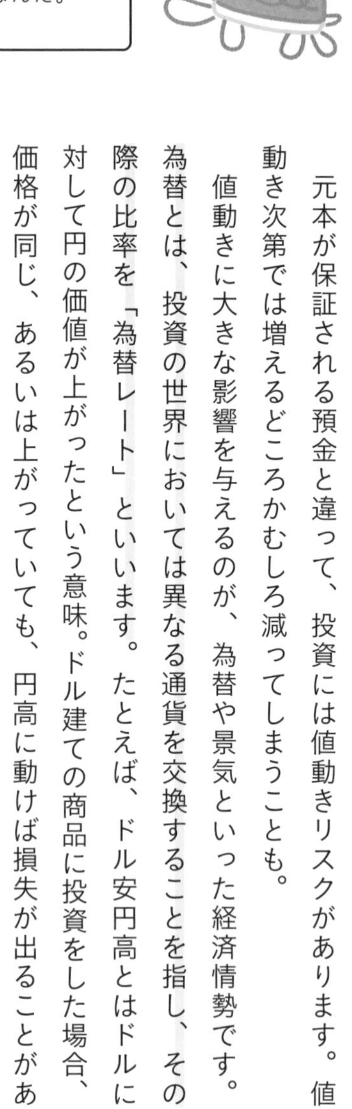

元本が保証される預金と違って、投資には値動きリスクがあります。値動き次第では増えるどころかむしろ減ってしまうことも。

値動きに大きな影響を与えるのが、為替や景気といった経済情勢です。為替とは、投資の世界においては異なる通貨を交換することを指し、その際の比率を「為替レート」といいます。たとえば、ドル安円高とはドルに対して円の価値が上がったという意味。ドル建ての商品に投資をした場合、価格が同じ、あるいは上がっていても、円高に動けば損失が出ることがあります。逆に円安によって利益がより大きくなることもあります。

景気の影響も小さくありません。景気がよければ企業の業績が好調になるのでこぞって株価が上がり、私たちも投資で利益を得やすくなります。反対に不景気ならより厳しく投資先を見抜く目が必要になります。景気にはサイクルがあるので、今がどのタイミングかを見極めることも重要です。

経済ニュースに目を向けよう

1ドル＝100円の場合

1ドル＝90円になったら	1ドル＝110円になったら
円高（ドル安）	**円安**（ドル高）

円高・円安の違い

日本円と外国通貨の交換比率は、「1ドル＝100円」のような為替レートで表します。外国通貨に対して日本円の価値が高いか、低いかを意味し、たとえば、1ドルを買うのに必要な日本円が多いほど円の価値が低い「円安」となります。

景気のサイクル

景気のサイクルは、右のようなイメージ。好景気に過剰な設備投資などが増えると、企業の利益が減って雇用が縮小し、不景気に。財政拡大などの支援を受けて企業の業績が回復すると雇用は拡大、再び好景気へと向かう循環です。

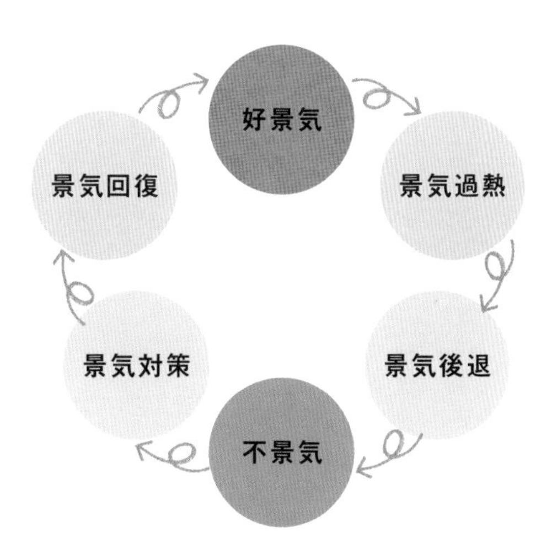

覚えておこう

「よいインフレ」と「悪いインフレ」

世の中の物価が上がることを「インフレーション」（以下、インフレ）といいます。一般的に景気の拡大期には消費が増えることでインフレが起こります。物価が上がることで企業の売上が伸び、それが給料に反映されてよい循環に入っていくので、いわば「よいインフレ」。これに対し、景気に関係なく、海外からの原材料費の調達コストの高騰などによって起こるのが「悪いインフレ」。直近の食品やガソリン代の値上げは、まさにこの「悪いインフレ」だといえますね。

50

投資の基本

「長期」「積立」「分散」が基本！

＼ Message ／

「長期」「積立」「分散」を基本にすると、初心者でも安定的に増やしやすいよ。

インターネットやYouTubeを見ていると「株式投資では高配当の銘柄を狙おう」「米国株に一極集中がおすすめ」「FXで細かく売買するとよい」などさまざまな投資法が紹介されています。でも、あなたが初心者なら何はともあれ「長期」「積立」「分散」を基本スタンスとしてください。

「長期」とはこれまでも説明してきたように時間を味方につけて投資すること、「積立」とは毎月一定額をコツコツ積立すること、そして「分散」とは日本だけでなく世界中、そして株式・債券など異なる投資先を組み合わせて投資することです。毎月一定額を「積立」することで価格が高いときに一気に購入してしまうリスクを避けられますし、「分散」することで特定の投資対象が暴落しても全体として大きな損失を被ることを避けることができます。投資初心者のうちはこれら「長期」「積立」「分散」を合言葉に投資することをおすすめします。

用語　「FX」とは、外国為替証拠金取引のこと。投資資金証拠金として担保にして外貨を取引する運用法。

投資リスクを抑える3つの合言葉

KEYWORD
長期

数年、数十年単位で持ち続けて、時間を味方に！

配当金や株主優待などを繰り返し得られるほか、長期的な値上がりによる売却益を期待できます。

デイトレードなど日々の値動きを追いかけて売買の差益を狙うのは「短期投資」。

KEYWORD
積立

値動きを気にせず、コツコツ買い足す

定期購入のため、値動きを気にしないで手間なく続けやすい投資。まとまった資金がなくてもスタートできます。

値動きを注視し、買いどきを狙って一気に購入する投資では、高値づかみで大損するリスクも。

KEYWORD
分散

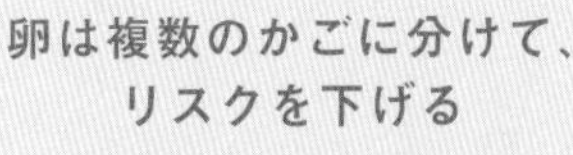

卵は複数のかごに分けて、リスクを下げる

「株式と債券」「国内株式と海外株式」のように値動きの異なるものに投資しリスクを分散させます。

集中投資は大きな利益を狙える半面、値下がりしたときの損失も大きくなります。

複数に分散投資

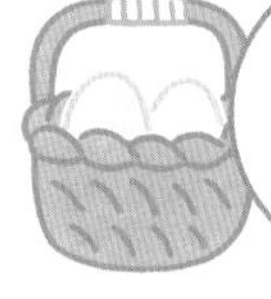

複数のかごに分けて卵を入れれば、1つのかごを落としても、他のかごの卵は割れない

1つに集中投資

卵＝お金
かご＝投資先
かごを落としたら、全部の卵が割れてしまう

51

金融商品の選び方

守る？ 増やす？ 目的を考える

Message

金融商品選びは、投資をする目的を改めて考えることから始めよう。

ひとくちに「投資」といっても、預金をはじめ、株式、投資信託、債券、ＦＸ、金、最近では仮想通貨などさまざまな金融商品があります。「何に投資するのがいいんだろう？」と迷ってしまったら、まずは投資をする目的から考えてみましょう。

金融商品の特徴は「安全性」「収益性」「流動性」という3つの側面から考えると捉えやすくなります。「安全性」とは元本がどのくらい保証されているかどうか、「収益性」とはどのくらい収益に期待できるか、「流動性」とは必要なときに換金できるかを指します。たとえば投資をする目的が「来年購入を計画しているマイホームの頭金づくり」なら、大きく元本割れする可能性があるものは避けたいですよね。一方、20～30年後の「じぶん年金」づくりなら、もちろん元本割れはしないほうが嬉しいですが、それよりもしっかりと増える金融商品であることが大切といえます。

選ぶ基準は3つ

金融商品を選ぶ基準は、「安全性」「収益性」「流動性」の3つ。3つすべてが優れた商品は存在しません。投資の目的を考えてそれに合った商品を選びましょう。

利益は期待できる？

収益性

「増やす」のが目的なら、どれくらいの利益（リターン）が見込めるかを基準に考えます。

元本が目減りしない？

すぐお金に換えられる？

相反するため両立できない

相反するため両立しにくい

安全性

お金を「守る」のが目的であれば、予期せぬ損失が出ないことや、元本割れしないことが大切。

両立できる

流動性

いざというときに「引き出して使える」ことを重視するなら、現金化のしやすさを確認しましょう。

具体的な金融商品は次ページでチェック！

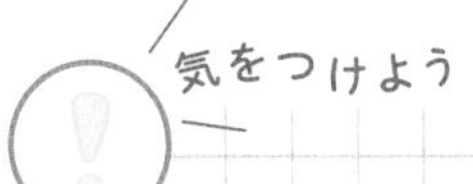

「流動性」が低いってどういうこと？

株式も投資信託も売却さえすれば数日後には現金として引き出すことが可能です。でも、もしそのタイミングで大きく値下がりしていたら、物理的には換金できても「もう少しよいタイミングまで待ちたかった」となりますよね。「流動性」という言葉には、こうした事情を踏まえた「いつでも換金できるか」という意味も含まれているのです。

52

金融商品の選び方

主な金融商品をざっくり把握！

＼ Message ／

代表的な金融商品のしくみやそれぞれの特徴を知っておこう。

さまざまな金融商品のなかでも「投資」と聞いて多くの人が思い浮かべるのが、「株式」や「投資信託」でしょう。株式とは、企業が資金を集めるために発行する「証券」のことで、これを東京証券取引所などの株式市場を通じて売買するのが株式投資です。株価は値動きがあるため安全性は低いですが、値上がりに期待できるという意味で収益性は高いといえます。

投資信託は特定の企業の株式ではなく、日本中や世界中の株式や債券を組み合わせたパッケージ商品のような金融商品。分散投資されている分、一般的に見て株式より安全性は高いものの、収益性は劣るかもしれません。

意外かもしれませんが、「預金」も立派な金融商品です。収益性は限りなく低いものの、安全性、流動性ともに高いのが大きなメリット。特に、24時間ＡＴＭで引き出せるという点において他の金融商品にはない流動性の高さを誇っているといえますね。

金融商品の特徴はそれぞれ

金融商品によって、しくみや特徴が違います。収益性、安全性、流動性の観点から主な金融商品をざっくりと見ていきましょう。

金融商品	どんなもの？	収益性	安全性	流動性
預金	普通預金や定期預金。外貨預金の場合、為替レートによって元本割れすることも。	△	◎	◎
生命保険	保険料を支払ってリスクに備える。終身保険や年金保険なら貯蓄としても活用できる。	△	◎	△
株式	売却益、配当金、株主優待の3つの利益が期待できる。国内だけでなく海外の株式も。	◎	△	○
債券	購入すると定期的に利息が受け取れ、満期時には元本が戻ってくるのが一般的。	△	◎	○
投資信託	株式や債券などさまざまな金融商品を組み合わせた商品。初心者におすすめ。	○	○	○
不動産	アパートなどの収益物件を購入し、家賃収入や売却益を狙う。融資を組んで購入する場合も多い。	○	○	△
金	金価格が安いときに購入し、高いときに売却して利益を狙う。積立できる商品もある。	○	○	○

53

金融商品の選び方

「リスク」の意味を知れば怖くない

Message

投資ではリスク＝危険ではない。リスクがあるからリターンが生まれるんだよ。

投資を始めたいと思いつつも「リスクがありそうで怖い……」と躊躇してしまう人は少なくないはずです。確かに投資は値動きがあり、預金のように元本保証ではないのでリスクがあるのは事実です。でも、投資の世界における「リスク」という言葉は、私たちが通常、リスクという言葉を聞いて思い浮かべる「怖い」「危険」とは別の意味があります。

投資の世界において「リスク」という言葉が意味するもの、それはズバリ「収益のブレ」。投資の有名な格言に「リスクとリターンは手をつないでやってくる」というものがあります。これは、リスクのないところにリターンは存在しないし、リスクが大きいほど大きなリターンを得られる可能性があるということを意味します。収益のブレこそが、投資によってリターンが生まれる源泉。リスクがあるから「危険」なのではなく、リスクがあるからこそ、大きなリターンを得られるチャンスがあるのです。

収益のブレ＝リスク

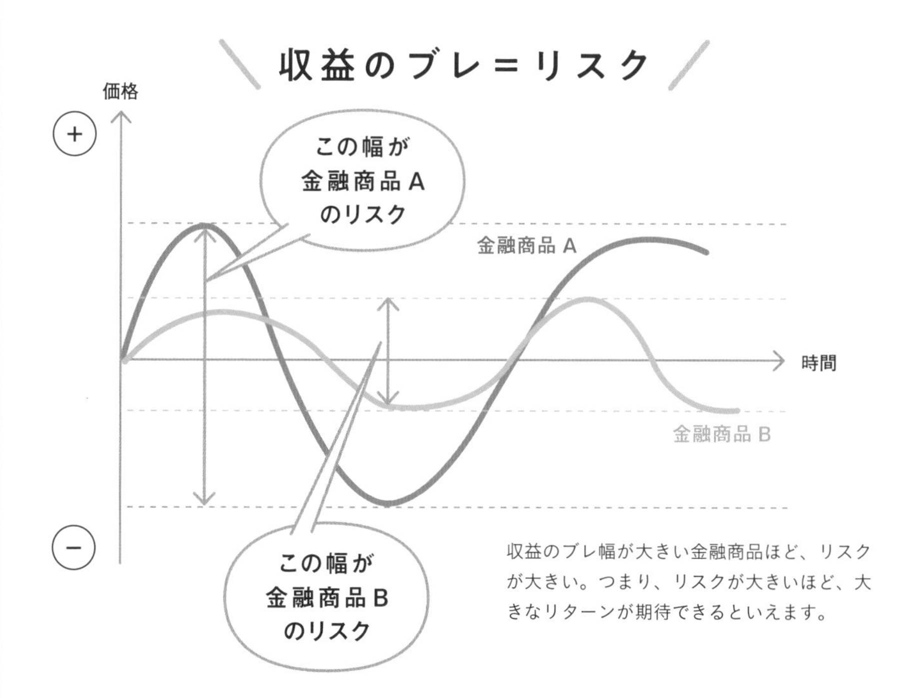

収益のブレ幅が大きい金融商品ほど、リスクが大きい。つまり、リスクが大きいほど、大きなリターンが期待できるといえます。

金融商品ごとのリスクとリターン

リスクを小さく抑えるとリターンも小さくなり、大きなリターンを期待するとリスクも大きくなります。

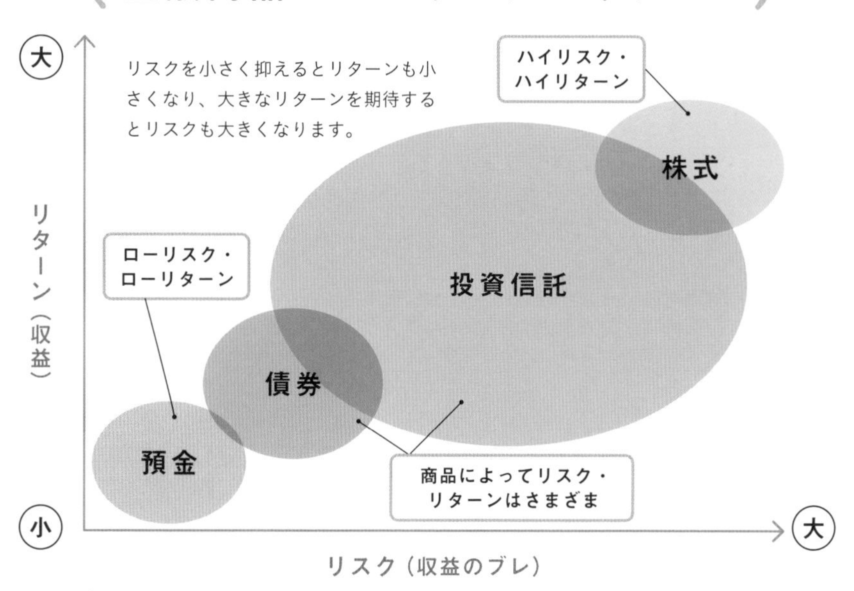

54

金融商品の選び方

いくらの損失まで耐えられる？

Message

リスク許容度は年齢や資産の状況、性格などによって違うよ。あなたはどう？

「自分の場合、どのくらいまでならリスクがとれるのか」ということを投資の世界では「リスク許容度」と呼びます。リスク許容度は、年代や家族構成、資産状況、性格などで異なります。老後が間近にせまった50〜60代よりも20代のほうがリスクをとっても取り返すチャンスがありますし、資産50万円の人と1000万円の人では、同じ10万円の損失でも資産全体に与えるインパクトが異なります。「元本割れをするのは絶対に避けたい」という慎重派の人と、「一時的に損失が出ても大きな利益を狙いたい」という積極派の人とでもとれるリスクは違ってくるはずです。

まず、いくらまでなら損失を許容できるかを具体的な金額で考えましょう。それが10万円だとしたら、「最大10%ぐらい価格が動くから、100万円まで投資してもいいかな」「半額になる可能性もあるから投資は20万円までだな」といった具合に投資金額の上限を決めていくのです。

「リスク許容度」をチェック！

リスク許容度は高くても低くてもOK！　自分のリスク許容度を知って適切な範囲で投資するということが大切なのです。

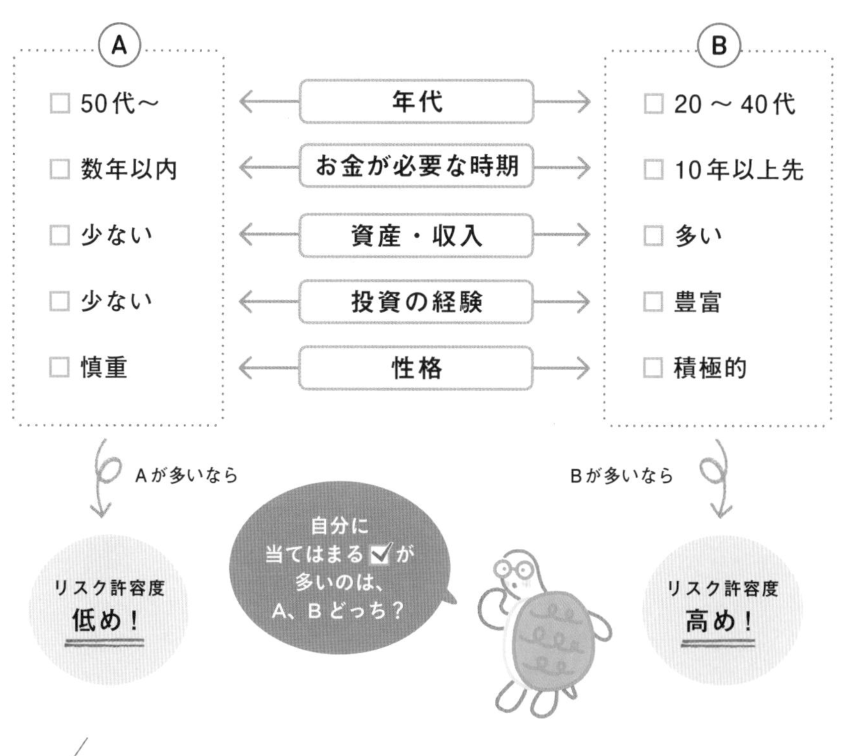

気をつけよう

「何もしないこと」もリスク

このままでは将来必要なお金が足りないとわかっていながら「投資にはリスクがあるから」と行動を起こさずにいる――実はそれこそがリスクのある状態ともいえます。

生活において、小さな失敗を繰り返すなかでだんだん要領がわかってくることってたくさんありますよね。投資も同じ。損失を出してしまうことも含め、「経験すること」が未来の利益へとつながります。まずは一歩を踏み出しましょう。

金融機関の選び方

投資をするなら銀行？証券会社？

\ Message /

銀行と証券会社にはそれぞれ特徴が。違いを踏まえて最適なところを選ぼう。

預金をするのに銀行口座が必要であるのと同様、投資をするにもそのための口座が必要です。ただし、銀行と証券会社では取り扱える金融商品が異なります。たとえば、投資信託は銀行でも証券会社でも購入できますが、株式は証券会社でないと購入できません。

それぞれの銀行や証券会社によっても取り扱いの有無や品揃えは大きく異なります。証券会社でも、米国株から韓国株まで幅広く取り扱っているところもあれば日本株のみというところも。手数料も違えば、いくらから積立できるのか、NISAに対応しているのかなど多くの違いがあります。

一般的に投資商品の品揃えやサービスという点では証券会社のほうが充実していますが、「証券会社は敷居が高い」「メインバンクでまとめて管理したい」という場合はあえて銀行を選ぶのもアリかも。それぞれの違いを踏まえたうえで最適なところを選びましょう。

あなたに合うのはどっち？

銀行

- ○ お金を「貯める」サービスが主
- ○ 生活に密着していて始めやすい
- ○ ローンなどのお金の相談もできる

【主に扱う金融商品】
預金、外貨預金、投資信託、保険、住宅ローンなど

証券会社

- ○ お金を「増やす」サービスが主
- ○ 株式や投資信託など商品数が豊富
- ○ 投資に関する情報が多く、相談しやすい

【主に扱う金融商品】
株式、債券、投資信託、ETF（→ P175）など

金融機関選びのチェックポイント

CHECK!

コスト

購入や売却、運用管理などに手数料がかかります。同じ商品でも金融機関によって差があることも。

CHECK!

品揃え

希望する商品があるか、「低コストの投資信託」が揃っているかをチェックしましょう。

CHECK!

サービス

手続きや運用についてのサポート体制が充実しているか。ウェブサイトの使いやすさも重要です。

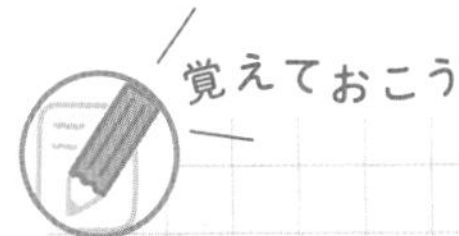

投資信託には「直販」もある

投資信託は銀行でも証券会社でも購入することができますが、一部の商品は、運用会社から直接購入（直販）できます。「積立をするならコレ！」と心に決めていて、その商品が直販でも購入できる場合には金融機関を通さず直販で購入するのもひとつの方法です。

56

金融機関の選び方

手数料を減らしたいならネット証券

Message

忙しい人には、手数料が安く、24時間好きなときに使えるネット証券が便利だよ。

どの金融機関に口座を開設するかを選ぶ際にしっかりチェックしたいのが手数料です。株式の場合、原則として取引ごとに「売買委託手数料」がかかります。手数料は安ければ安いほど利益が出やすくなります。自分の取引イメージに合わせて最適なところを選ぶようにしましょう。

投資信託の場合には株式のような売買委託手数料は不要ですが、購入時に「購入手数料」（販売手数料）と呼ばれる手数料が必要な場合があります。金融機関や商品によってこうした手数料の有無が変わります。

手数料を減らしたいなら、対面の証券会社よりもネット証券を選ぶのがおすすめです。また、ネット証券であれば、手数料が安いだけでなく、忙しい人でも24時間好きなときに注文を出したり、残高の確認ができたりするので便利です。大手のネット証券ではスマホのアプリも機能が充実しているので、スマホひとつで投資生活ができます。

大手ネット証券の投資信託を比較

ネット証券大手5社について、口座数や投資信託の取扱商品数などを比較しました。購入手数料は、5社のいずれも無料です。

証券会社	口座数	投資信託の取扱商品数	投資信託の積立		
			最低金額	積立頻度	クレジットカード決済
SBI証券	1000万口座（SBIグループ）	2660本	100円	毎月、毎週、毎日など	三井住友カードなど
楽天証券	900万口座	2630本	100円	毎月、毎日	楽天カード
マネックス証券	222万口座	1363本	100円	毎月、毎日	マネックスカード
auカブコム証券	155万口座	1652本	100円	毎月	au Payカード
松井証券	145万口座	1697本	100円	毎月、毎週、毎日	MATSUI SECURITIES CARD

（2023年5月時点。取扱本数は7月5日調べ。）

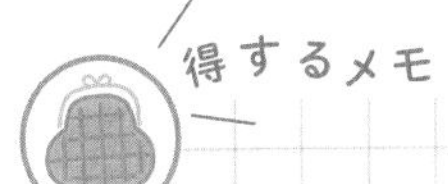

得するメモ

銀行も"ネット"がお得！

証券会社だけでなく銀行についても一般の銀行よりネット銀行のほうがお得なことはいろいろあります。

定期預金の金利もネット銀行は総じてメガバンクなどより高め。

振込手数料やATM手数料についてもネット銀行のほうが無料だったり、お得だったりします。

57

金融機関の選び方

ポイントサービスにも注目する

Message

ネット証券でポイントを使ったり、貯めたりすることでよりお得になるよ。

ネット証券の魅力は手数料の安さや24時間注文が可能というだけではありません。Tポイントや楽天ポイント、Pontaといった各種ポイントと連携しているネット証券であれば、口座開設や取引、保有残高などに応じてポイントが貯まるのも魅力のひとつです。

クレジットカードと組み合わせることでさらにお得にポイントを貯めることもできます。たとえば、クレジットカードを使って投資信託の積立を行うと、証券口座に資金を入金する手間が省けるうえ、提携ポイントと、クレジットカードのポイントの両方が貯められる可能性があります。

現金の代わりにポイントを1ポイント＝1円として株式や投資信託を購入することもできます。「損失が出るのが怖くて始められない」という人にとっては、現金を使って投資しなくても気軽に始めてみることができるのは嬉しいですね。

まずはポイントで投資をスタート

ポイントを投資に
「使う」

「1ポイント＝1円」で
投資信託を購入
↓
元手0円で投資スタート！

貯まっているポイントを使って投資信託を購入できます。

投資でポイントを
「貯める」

クレカ払いで投資信託の
積立をする
↓
ポイントをゲット

カード決済など取引額に応じてポイントが貯まります。

大手ネット証券のポイントサービスを比較

証券会社	連携しているポイント	概要
SBI証券	Tポイント、Vポイント、Pontaポイント	dポイントやJALのマイルを貯めることも可能。投資信託のスポット購入や積立での買付ができる。
楽天証券	楽天ポイント	楽天銀行との提携プログラムなど貯まりやすい方法も。投資信託や国内株、米国株なども購入可能。
マネックス証券	マネックスポイント	ポイントでの投信積立、手数料への充当、仮想通貨やAmazonギフト券などへの交換も。
auカブコム証券	Pontaポイント	ポイントを投資信託や、少額で購入できるプチ株（単元未満株）の購入に利用可能。
松井証券	松井証券ポイント	ポイントでの投信積立のほか、PayPayポイントやdポイント、Amazonギフト券などにも交換可能。

（2023年4月時点）

TOPIC

元本割れしたくない人におすすめの「個人向け国債」

国にお金を貸すことで利子が受け取れる

「個人向け国債」とは、その名の通り、私たち個人が購入しやすいように設計されている国債です。国債を買うということは、国に一定期間お金を「貸す」ということを意味します。満期までの間は定期的に利子が受け取れ、満期（償還日）になれば購入額、つまり元本が返済されます。

身近な金融機関で購入できる

個人向け国債は銀行、証券会社などで1万円から購入できます。満期までの期間や金利のタイプによって「変動10年」「固定5年」「固定3年」の3種類があり、どれも半年ごとに利子が受け取れます。また、発行から1年が経過すればいつでも国に買い取ってもらえるので満期を待たずに中途換金することも可能です。

1万円から購入でき、元本が保証されている個人向け国債は、「預貯金では物足りないけれど、投資はまだ怖い……」と思っている人の初めの一歩として最適。ここから投資の世界に踏み出してみては。

用語　「償還日」とは、債券の額面金額が払い戻される日のことで、一般的には満期（満期日）のこと。払い戻すことを「償還」という。

3種類の個人向け国債

	変動10年	固定5年	固定3年
商品名＆特徴	満期までの10年間、半年ごとに適用金利が変わります。そのときどきの金利によって受取利子の金額が増減します。	満期までの5年間、発行時の利率がずっと変わらないため、発行時点で5年間の運用結果がわかります。	満期までの3年間、発行時の利率がずっと変わらないため、発行時点で3年間の運用結果がわかります。
満期	10年	5年	3年
金利のタイプ	変動金利（半年ごとに変動）	固定金利	固定金利
金利の設定方法（最低金利）	基準金利×0.66（下限0.05%）	基準金利−0.05%（下限0.05%）	基準金利−0.03%（下限0.05%）
利子の受け取り	年2回（半年ごとに1回）		
購入単価	最低1万円以上、1万円単位		
中途換金	発行後1年が経過すれば、いつでも換金可能（ただし、中途換金調整額が差し引かれる）		

利子の受け取り時には、原則20.315%の税金が差し引かれます。

上の3タイプは、毎月（年12回）発行されているよ

用語　個人向け国債における「基準金利」とは、利子を計算するために用いられる基準となる金利のこと。それぞれの商品ごとに、一般の国債や市場動向などをもとに計算される。

お金の名言

「譲るに益があって、
奪うには益がない」

——二宮尊徳

『二宮翁夜話』児玉幸多訳（中央公論新社）

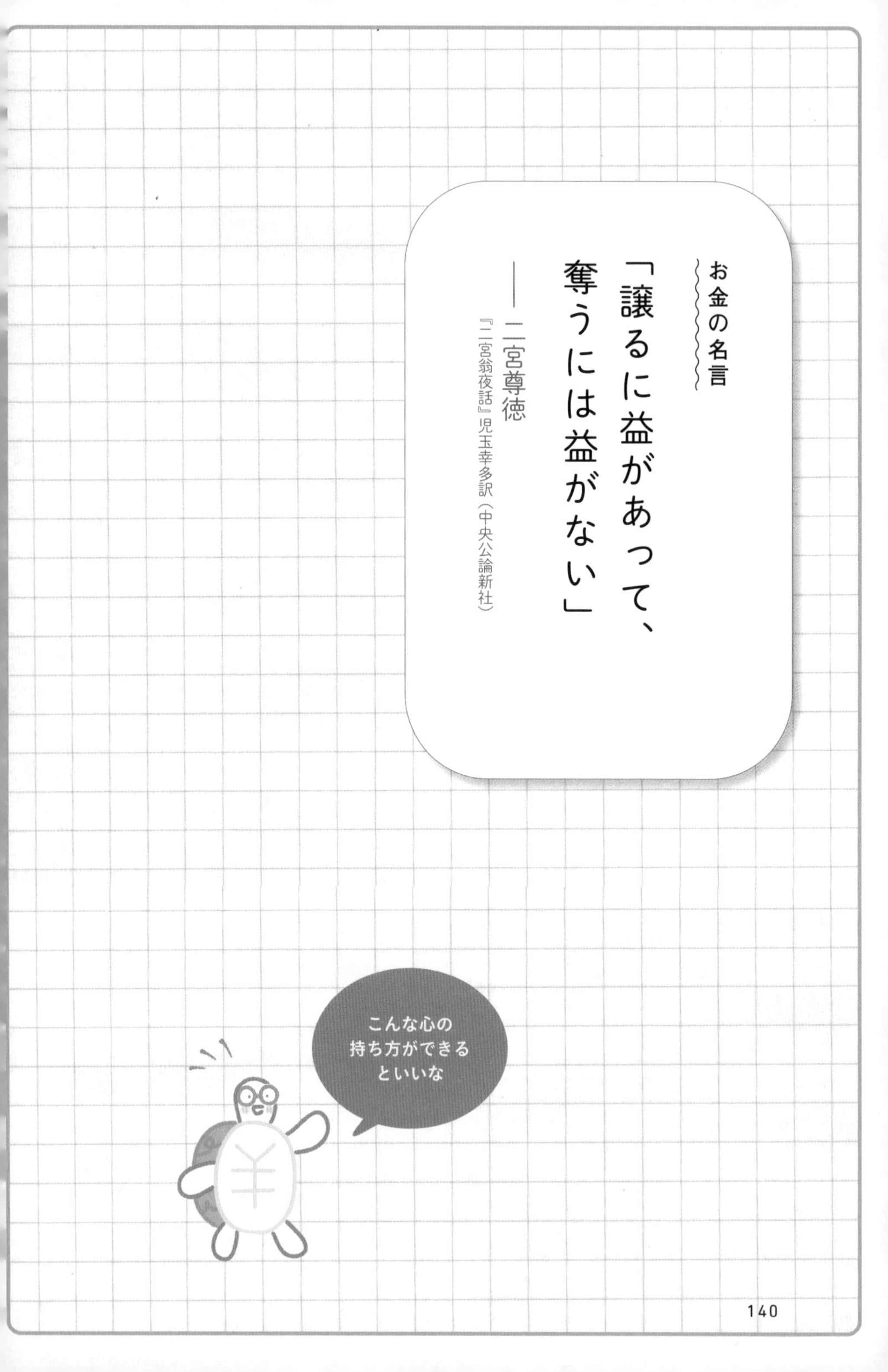

第4章

初心者には低リスクの「投資信託」がおすすめ

初めて投資に挑戦する人には、少ない資金から低リスクで始められる「投資信託」がおすすめ。とはいえ、投資信託にも多くの商品があるので、商品選びの基準を知っておくことが必要です。投資信託で運用するうえでのポイントも押さえておきましょう。

58

投資信託の基本

少額でいろいろな商品に投資できる

Message

投資信託が初心者に向いているといわれるのにはちゃんと理由があるんだよ。

将来必要なお金を準備するために初めて投資にチャレンジするぞ！という人におすすめなのが「投資信託」です。略して「投信」と呼ばれたり、「ファンド」と呼ばれたりすることもあります。

投資信託とは、私たち、つまり投資家から集めたお金をまとめ大きな資金として、運用のプロが株式や債券などいろいろなもので運用してくれる金融商品です。私たち一人ひとりの資金は少額でも、それらをひとつにまとめることで数十億～数百億円という資金になり、それを国内外のさまざまな投資対象に分散投資することで安定したリターンを狙うことができます。また、海外の株式や債券、あるいは不動産など個人では投資しにくいものに間接的に投資ができるのも投資信託の魅力のひとつです。

投資信託は、1万円前後、証券会社によっては100円から購入することが可能です。少ない資金から低リスクで始められるのは嬉しいですね。

投資信託のしくみ

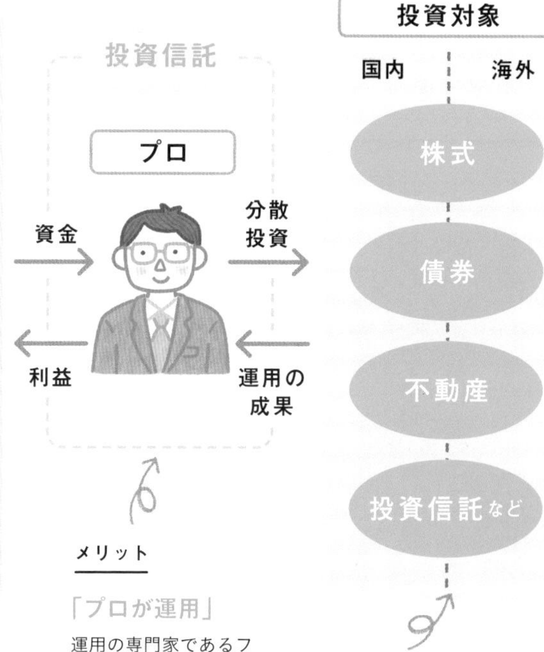

メリット

「少額から投資できる」

多くの投資家から資金を集めてまとめ、運用するので一人ひとりの資金は少額でOK。

メリット

「プロが運用」

運用の専門家であるファンドマネージャーが運用の指揮をとります。

メリット

「分散投資ができる」

世界中のさまざまな投資対象に分散して運用されます。投資信託に投資する投資信託もあります。

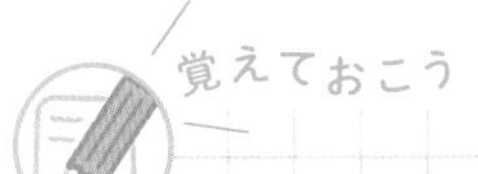

投資信託の商品数はいくつある？

初心者でも始めやすいといわれる投資信託ですが、一方で商品の数が多いのも事実。「公募投信」と呼ばれる私たちが広く購入することのできる投資信託だけでも2023年1月現在で約6000商品あります。このなかから最適な商品を見つけるためにもしっかり勉強しましょう。

59

投資信託の基本

得られる利益は2つある

＼Message／

投資信託には「売却益」と「分配金」の大きく2つの利益があるよ。

では実際に投資信託に投資すると、どのようにして利益が得られるのでしょうか。

投資信託には、大きく分けて2つの利益があります。

1つ目は、価格が安いときに買って高く売ることで得られる「売却益」。なぜなら、その投資信託が保有している株式や債券などの価格が変動するため です。こうした価格変動を利用して得られる利益が「売却益」です。「基準価額」(基準価格)と呼ばれる投資信託の価格は日々変動します。

2つ目は、「分配金」です。「売却益」が売って得られる利益であるのに対し、「分配金」は保有していることで得られる利益です。保有している間、繰り返し得ることができるのも大きな特徴です。ただし後ほど説明するように商品によっては分配金を出さない方針のものもあったり、分配金=利益とは限らない場合もあったりするので注意が必要です。

2つの利益のしくみ

利益① キャピタルゲインともいいます

売却益

安く買って高く売ることで得られる

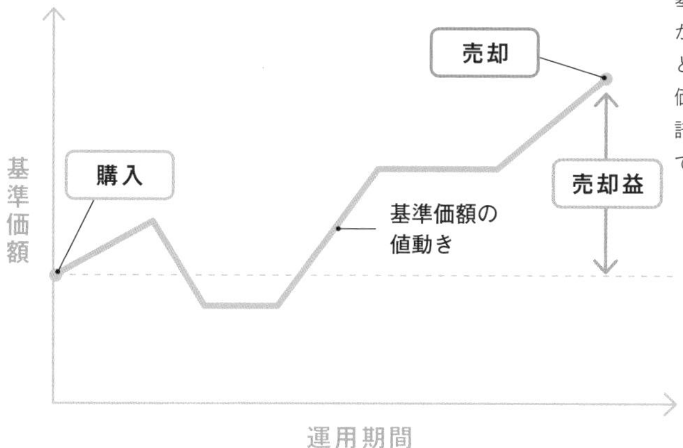

基準価額が購入時より上がったときに売却することで得られる利益。基準価額は、一般的に投資信託の一万口あたりの価格です。

利益② インカムゲインともいいます

分配金

保有中に利益が還元されることで得られる

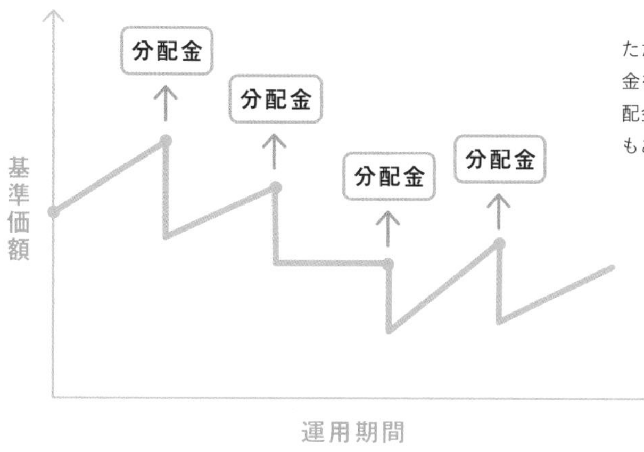

ただし、商品によっては分配金を出さない方針のものや分配金＝利益とは限らない場合もあります（→ P156）。

60

投資信託の基本

2タイプの運用方針がある

Message

運用方針によって「インデックス型」と「アクティブ型」に分けられるよ。

投資信託には、商品ごとに運用方針が決められています。そのなかでも必ずチェックしたいのが、ベンチマークとしている指数に連動した成果をめざす「インデックス型ファンド」(パッシブ型ファンド)なのか、指数を上回る成果をめざす「アクティブ型ファンド」なのか、ということです。

インデックス型ファンドは指数にぴったり連動することを目的として自動運用されるので、指数が上がれば上がり、下がれば下がります。日経平均株価をベンチマークとするなら、よくも悪くも株式市場全体の動きに必ず連動します。一方、アクティブ型ファンドは指数を上回る運用成果をめざします。ファンドマネージャーと呼ばれる運用のプロが腕をふるいますが、必ずしも指数に勝てるとは限らず損失が大きくなることも。インデックス型に比べると手数料も高めです。商品選びの際には、こうした運用方針とそれぞれのメリット・デメリットを把握しておくことが大切です。

用語　「ベンチマーク」とは、資産運用において、運用成果をはかるための基準とされている指数のこと。

インデックス型とアクティブ型の違い

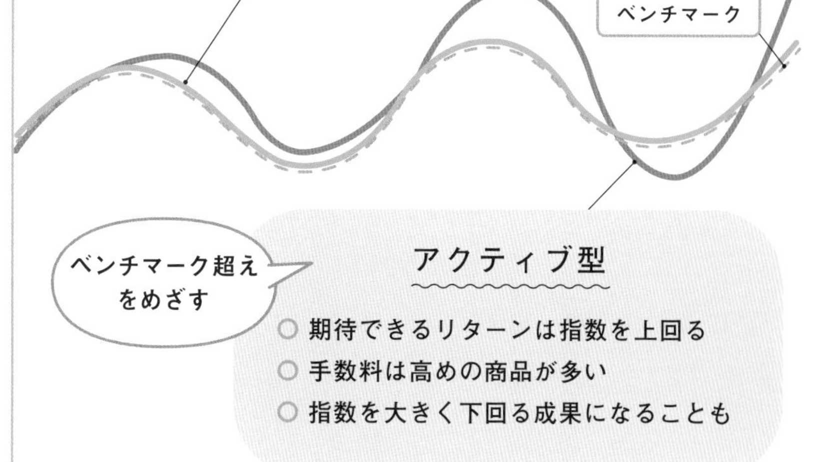

インデックス型（パッシブ型）
期待できるリターンは指数と同程度
手数料が低めの商品が多い
運用成果は、市場の動き次第
ベンチマークとの連動をめざす
ベンチマーク
基準価額
ベンチマーク超えをめざす
アクティブ型
期待できるリターンは指数を上回る
手数料は高めの商品が多い
指数を大きく下回る成果になることも
運用期間

ベンチマークとなる指数ってどんなもの？

日本株に投資する投資信託の場合、定番なのが日経平均株価やTOPIX（東証株価指数）です。米国株であればS&PやNYダウが有名。

その投資信託がどんな指数をベンチマークにしているかを見ると、商品の特徴を簡単につかめます。目論見書（→P150）で確認してみましょう。

61

投資信託の基本

「手数料」と「純資産総額」をチェック

\ Message /

手数料のなかでも忘れずにチェックしてほしいのは「信託報酬」だよ。

運用方針と並んで商品を選ぶ際に必ずチェックしたいのが「手数料」と「純資産総額」（純資産残高）です。

投資信託は、購入時、保有中、売却時という3つのタイミングで手数料がかかります。購入手数料（販売手数料）については、近年、ノーロードと呼ばれる無料のものが増えてきており、つみたてNISA（ニーサ）で購入できる商品もすべてノーロードとなっています。最も気にかけてほしいのは保有中の間接費用である信託報酬。継続的にかかる手数料なので、長期で積立をするならなおのこと、できるだけ安いものを選びましょう。

純資産総額とは、その投資信託が持つ資産全体の時価総額（基準価額×口数）のこと。運用がうまくいっているという意味でも、投資家が安定的に購入しているという意味でも、最低30億円以上の残高があり、順調に右肩上がりになっているものを選びましょう。

投資信託の3つのコスト

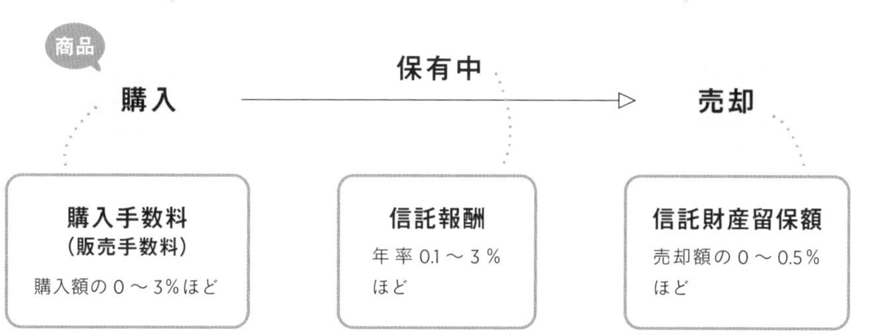

「純資産総額」は人気のバロメーター

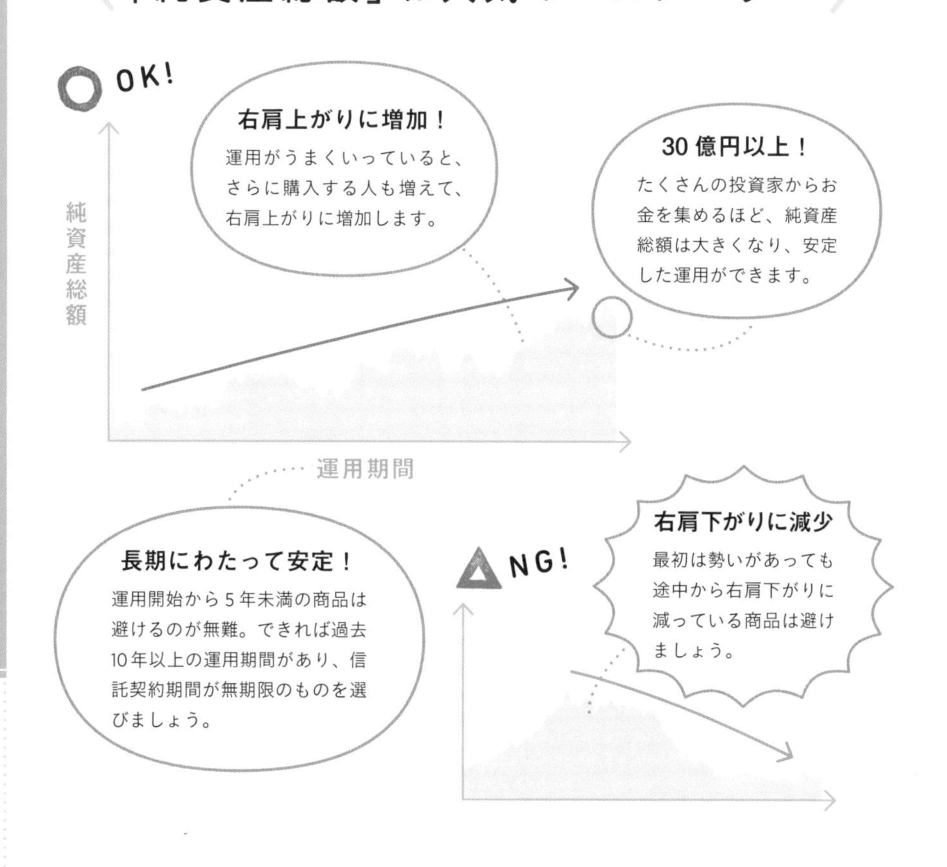

OK!
右肩上がりに増加！
運用がうまくいっていると、さらに購入する人も増えて、右肩上がりに増加します。
30億円以上！
たくさんの投資家からお金を集めるほど、純資産総額は大きくなり、安定した運用ができます。
純資産総額
運用期間
長期にわたって安定！
運用開始から5年未満の商品は避けるのが無難。できれば過去10年以上の運用期間があり、信託契約期間が無期限のものを選びましょう。
NG!
右肩下がりに減少
最初は勢いがあっても途中から右肩下がりに減っている商品は避けましょう。

62

投資信託の基本

「目論見書」の見方を知っておく

Message

目論見書は投資信託の説明書。投資信託を選ぶときは、必ず確認しよう。

「目論見書」とは、それぞれの投資信託についての重要な事項を説明した書類。その投資信託が何をめざしているのか、どのような特色があるのかといったことから、運用方針、具体的にどの指標をベンチマークにしているか、現在どのような資産に投資しているのか、手数料はいくらか、直近までの純資産総額の推移や運用成績、どのようなリスクがあるのかといったことがまとめられています。

「目論見書」は、証券会社や銀行の店頭であれば印刷した冊子でもらうことができますし、ネット証券やネット銀行であればPDF形式のファイルがダウンロードできます。一字一句読み込むのは大変かもしれませんが、ポイントを押さえたうえで必ず全体に目を通すようにしましょう。

また、「運用報告書」には、直近の運用成果や今後の運用方針などが記載されています。こちらもできれば目を通しておきたいところです。

「交付目論見書」のチェックポイント

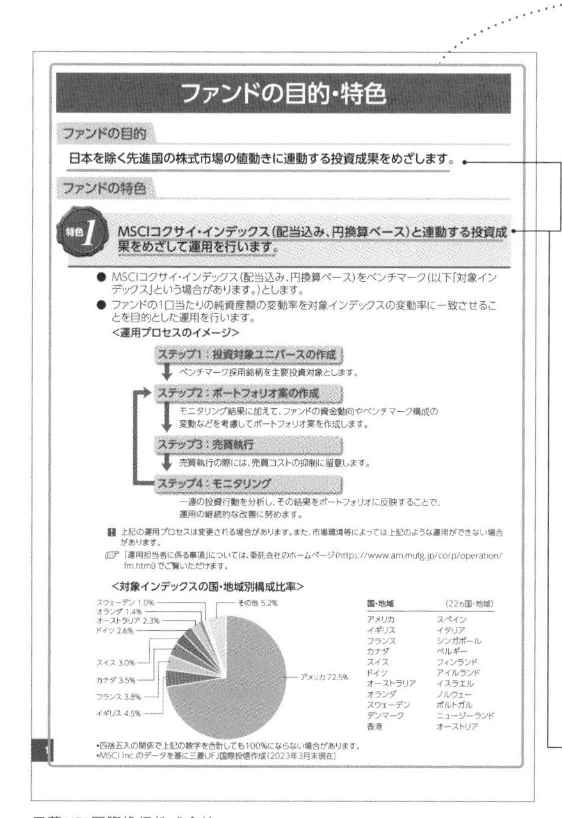

ファンドの目的・特色

ファンドの目的

日本を除く先進国の株式市場の値動きに連動する投資成果をめざします。

ファンドの特色

特色1 MSCIコクサイ・インデックス(配当込み、円換算ベース)と連動する投資成果をめざして運用を行います。

- MSCIコクサイ・インデックス(配当込み、円換算ベース)をベンチマーク(以下「対象インデックス」という場合があります。)とします。
- ファンドの1口当たりの純資産額の変動率を対象インデックスの変動率に一致させることを目的とした運用を行います。

<運用プロセスのイメージ>

ステップ1：投資対象ユニバースの作成
ベンチマーク採用銘柄を主要投資対象とします。
ステップ2：ポートフォリオ案の作成
モニタリング結果に加えて、ファンドの資金動向やベンチマーク構成の変動などを考慮してポートフォリオ案を作成します。
ステップ3：売買執行
売買執行の際には、売買コストの抑制に留意します。
ステップ4：モニタリング
一連の投資行動を分析し、その結果をポートフォリオに反映することで、運用の継続的な改善に努めます。

上記の運用プロセスは変更される場合があります。また、市場環境等によっては上記のような運用ができない場合があります。

「運用担当者に係る事項」については、委託会社のホームページ(https://www.am.mufg.jp/corp/operation/fm.html)でご覧いただけます。

<対象インデックスの国・地域別構成比率>

国・地域	(22カ国・地域)
アメリカ	スペイン
イギリス	イタリア
フランス	シンガポール
カナダ	ベルギー
スイス	フィンランド
ドイツ	アイルランド
オーストラリア	イスラエル
オランダ	ノルウェー
スウェーデン	ポルトガル
デンマーク	ニュージーランド
香港	オーストリア

•四捨五入の関係で上記の数字を合計しても100%にならない場合があります。
•MSCI Inc.のデータを基に三菱UFJ国際投信作成(2023年3月末現在)

三菱UFJ国際投信株式会社

ポイント1

「ファンドの目的・特色」

株式か債券か、国内か海外かなど、どんな資産に投資して、どんな成果をめざしているのか確認します。

この投資信託の投資対象と運用方針はこうなるね

投資対象：日本を除く先進国の株式
運用方針：インデックス型

覚えておこう

「交付目論見書」と「請求目論見書」

目論見書には、2つの種類があります。「交付目論見書」は購入を判断するにあたって重要な事項を説明したもので、購入する前に必ず目を通すルールになっています。「請求目論見書」は投資家が請求した場合に交付が義務付けられているもの。より詳細な情報が確認できます。

投資リスク

■基準価額の変動要因

ファンドの基準価額は、組み入れている有価証券等の価格変動による影響を受けますが、これらの運用により信託財産に生じた損益はすべて投資者のみなさまに帰属します。
したがって、投資者のみなさまの投資元本が保証されているものではなく、基準価額の下落により損失を被り、投資元本を割り込むことがあります。
投資信託は預貯金と異なります。

ファンドの基準価額の変動要因として、主に以下のリスクがあります。

価格変動リスク	一般に、株式の価格は個々の企業の活動や業績、市場・経済の状況等を反映して変動するため、ファンドはその影響を受け組入株式の価格の下落は基準価額の下落要因となります。
為替変動リスク	組入外貨建資産については、原則として為替ヘッジを行いませんので、為替変動の影響を大きく受けます。
信用リスク	組入有価証券等の発行者や取引先等の経営・財務状況が悪化した場合またはそれが予想された場合もしくはこれらに関する外部評価の悪化があった場合等には、当該組入有価証券等の価格が下落することやその価値がなくなること、または利払い・償還金の支払いが滞ることがあります。
流動性リスク	有価証券等を売却あるいは取得しようとする際に、市場に十分な需要や供給がない場合や取引規制等により十分な流動性の下での取引を行えない場合または取引が不可能となる場合、市場実勢から期待される価格より不利な価格での取引となる可能性があります。

■その他の留意点

- ファンドのお取引に関しては、金融商品取引法第37条の6の規定(いわゆるクーリングオフ)の適用はありません。
- ファンドは、大量の解約が発生し短期間で解約資金を手当てする必要が生じた場合や主たる取引市場において市場環境が急変した場合等に、一時的に組入資産の流動性が低下し、市場実勢から期待できる価格で取引できないリスク、取引量が限られてしまうリスクがあります。これにより、基準価額にマイナスの影響を及ぼす可能性や、換金の申込みの受付けが中止となる可能性、換金代金のお支払が遅延する可能性があります。
- 収益分配金の水準は、必ずしも計算期間におけるファンドの収益の水準を示すものではありません。収益分配は、計算期間に生じた収益を超えて行われる場合があります。
投資者の購入価額によっては、収益分配金の一部または全部が、実質的な元本の一部払戻しに相当する場合があります。ファンド購入後の運用状況により、分配金額より基準価額の値上がりが小さかった場合も同様です。
収益分配金の支払いは、信託財産から行われます。したがって純資産総額の減少、基準価額の下落要因となります。
- ファンドは、ファミリーファンド方式により運用を行います。そのため、ファンドが投資対象とするマザーファンドを共有する他のベビーファンドの追加設定・解約によってマザーファンドに売買が生じた場合などには、ファンドの基準価額に影響する場合があります。

■リスクの管理体制

委託会社では、ファンドのコンセプトに沿ったリスクの範囲内で運用を行うとともに運用部から独立した管理担当部署によりリスク運営状況のモニタリング等のリスク管理を行い、ファンド管理委員会およびリスク管理委員会において、それらの状況の報告を行うほか、必要に応じて改善策を審議しています。
また、流動性リスク管理に関する規程を定め、ファンドの組入資産の流動性リスクのモニタリングなどを実施するとともに、緊急時対応策を策定し流動性リスクの評価と管理プロセスの検証などを行います。リスク管理委員会は、流動性リスク管理の適切な実施の確保や流動性リスク管理態勢について、監督します。

4

ポイント 2

「投資リスク」

その投資信託の基準価額が、どのような要因で変動する可能性があるのか確認します。

ここでは４つの
リスクが
挙げられているね

基準価額に影響する5つのリスク

価格変動リスク	投資信託に組み入れている株式や債券などの価格が上がったり下がったりするリスクのこと。
為替変動リスク	為替レートが変動するリスク。海外の株式や債券では、為替の変動が資産運用に影響します。
金利変動リスク	市場の金利が変動するリスク。債券の価格は、金利が上がると下落し、金利が下がると上昇します。
信用リスク	株式や債券を発行している国や企業が、財政難や経営不振によって元本や利息を払えなくなるリスク。
流動性リスク	流動性は、換金のしやすさや市場に出回る数の多さのこと。すぐに売れないものは流動性リスクが高め。

基準価額は値動きの大きさや傾向（上昇傾向、下落傾向など）を確認しましょう。

基準価額が高いか安いかという絶対額では商品のよしあしを判断できません。
純資産総額は最低でも 30 億円以上が基準！

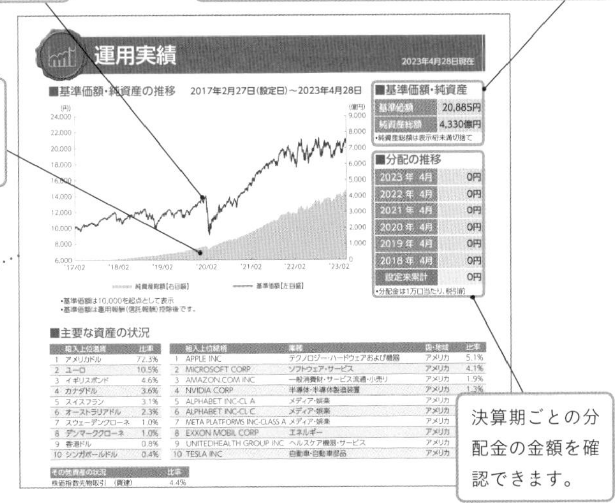

運用実績

2023年4月28日現在

■基準価額・純資産の推移　2017年2月27日(設定日)～2023年4月28日

純資産総額【右目盛】　基準価額【左目盛】

・基準価額は10,000を起点として表示
・基準価額は運用報酬(信託報酬)控除後です。

■基準価額・純資産

基準価額	20,885円
純資産総額	4,330億円

・純資産総額は表示桁未満切捨て

■分配の推移

2023年 4月	0円
2022年 4月	0円
2021年 4月	0円
2020年 4月	0円
2019年 4月	0円
2018年 4月	0円
設定来累計	0円

・分配金は1万口当たり、税引前

■主要な資産の状況

	組入上位通貨	比率
1	アメリカドル	72.3%
2	ユーロ	10.5%
3	イギリスポンド	4.6%
4	カナダドル	3.6%
5	スイスフラン	3.1%
6	オーストラリアドル	2.3%
7	スウェーデンクローネ	1.0%
8	デンマーククローネ	1.0%
9	香港ドル	0.8%
10	シンガポールドル	0.4%

	組入上位銘柄	業種	国・地域	比率
1	APPLE INC	テクノロジー・ハードウェアおよび機器	アメリカ	5.1%
2	MICROSOFT CORP	ソフトウェア・サービス	アメリカ	4.1%
3	AMAZON.COM INC	一般消費財・サービス流通・小売り	アメリカ	1.9%
4	NVIDIA CORP	半導体・半導体製造装置	アメリカ	1.3%
5	ALPHABET INC-CL A	メディア・娯楽	アメリカ	
6	ALPHABET INC-CL C	メディア・娯楽	アメリカ	
7	META PLATFORMS INC-CLASS A	メディア・娯楽	アメリカ	
8	EXXON MOBIL CORP	エネルギー	アメリカ	
9	UNITEDHEALTH GROUP INC	ヘルスケア機器・サービス	アメリカ	
10	TESLA INC	自動車・自動車部品	アメリカ	

その他資産の状況	比率
株価指数先物取引 (買建)	4.4%

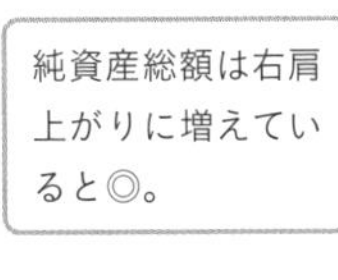

純資産総額は右肩上がりに増えていると◎。

決算期ごとの分配金の金額を確認できます。

ポイント 3

「運用実績」

基準価額や純資産総額、分配金の推移など、過去の運用実績を確認します。

購入時にかかる手数料と、売却時にかかる手数料。

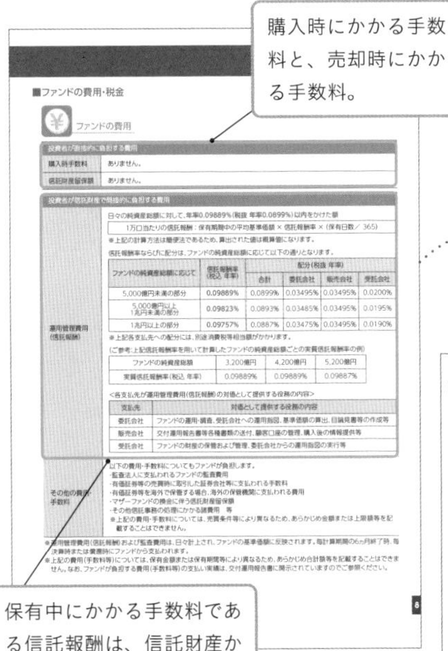

■ファンドの費用・税金

ファンドの費用

投資者が直接的に負担する費用	
購入時手数料	ありません。
信託財産留保額	ありません。

投資者が信託財産で間接的に負担する費用

運用管理費用(信託報酬)

日々の純資産総額に対して、年率0.09889%(税抜 年率0.0899%)以内をかけた額

1万口当たりの信託報酬：保有期間中の平均基準価額 × 信託報酬率 × (保有日数／ 365)

※上記の計算方法は簡便法であるため、算出された値は概算値になります。

信託報酬率ならびに配分は、ファンドの純資産総額に応じて以下の通りとなります。

ファンドの純資産総額に応じて	信託報酬率(税込 年率)	配分(税抜 年率)			
		合計	委託会社	販売会社	受託会社
5,000億円未満の部分	0.09889%	0.0899%	0.03495%	0.03495%	0.0200%
5,000億円以上1兆円未満の部分	0.09823%	0.0893%	0.03485%	0.03495%	0.0195%
1兆円以上の部分	0.09757%	0.0887%	0.03475%	0.03495%	0.0190%

※上記各支払先への配分には、別途消費税等相当額がかかります。

(ご参考:上記信託報酬率を用いて計算したファンドの純資産総額ごとの実質信託報酬率の例)

ファンドの純資産総額	3,200億円	4,200億円	5,200億円
実質信託報酬率(税込 年率)	0.09889%	0.09889%	0.09887%

<各支払先が運用管理費用(信託報酬)の対価として提供する役務の内容>

支払先	対価として提供する役務の内容
委託会社	ファンドの運用・調査、受託会社への運用指図、基準価額の算出、目論見書等の作成等
販売会社	交付運用報告書等各種書類の送付、顧客口座の管理、購入後の情報提供等
受託会社	ファンドの財産の保管および管理、委託会社からの運用指図の実行等

その他の費用・手数料

以下の費用・手数料についてもファンドが負担します。
・監査法人に支払われるファンドの監査費用
・有価証券等の売買時に取引した証券会社等に支払われる手数料
・有価証券等を海外で保管する場合、海外の保管機関に支払われる費用
・マザーファンドの換金に伴う信託財産留保額
・その他信託事務の処理にかかる諸費用　等
※上記の費用・手数料については、売買条件等により異なるため、あらかじめ金額または上限額等を記載することはできません。

※運用管理費用(信託報酬)および監査費用は、日々計上され、ファンドの基準価額に反映されます。毎計算期間の6ヵ月終了時、毎決算時または償還時にファンドから支払われます。
※上記の費用(手数料等)については、保有金額または保有期間等により異なるため、あらかじめ合計額等を記載することはできません。なお、ファンドが負担する費用(手数料等)の支払い実績は、交付運用報告書に開示されていますのでご参照ください。

8

保有中にかかる手数料である信託報酬は、信託財産から差し引かれます。

ポイント 4

「手数料・税金」

その投資信託にかかる費用や税金を確認します。NISA や iDeCo（イデコ）で運用する場合、税金はかかりません。

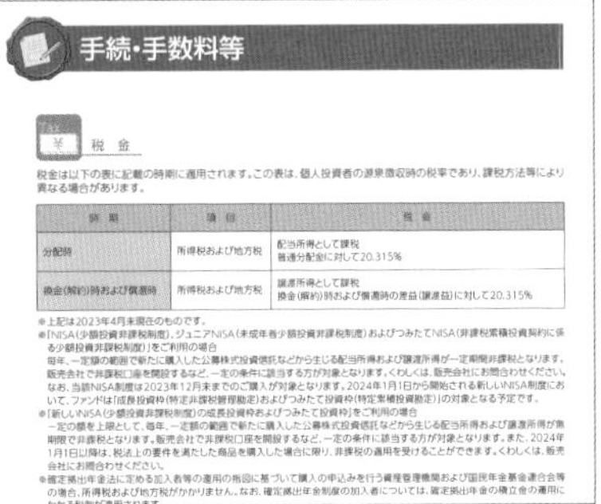

手続・手数料等

税 金

税金は以下の表に記載の時期に適用されます。この表は、個人投資者の源泉徴収時の税率であり、課税方法等により異なる場合があります。

時期	項目	税金
分配時	所得税および地方税	配当所得として課税 普通分配金に対して20.315%
換金(解約)時および償還時	所得税および地方税	譲渡所得として課税 換金(解約)時および償還時の差益(譲渡益)に対して20.315%

※上記は2023年4月末現在のものです。
※「NISA(少額投資非課税制度)、ジュニアNISA(未成年者少額投資非課税制度)およびつみたてNISA(非課税累積投資契約に係る少額投資非課税制度)」をご利用の場合
毎年、一定額の範囲で新たに購入した公募株式投資信託などから生じる配当所得および譲渡所得が一定期間非課税となります。販売会社で非課税口座を開設するなど、一定の条件に該当する方が対象となります。くわしくは、販売会社にお問合わせください。なお、当該NISA制度は2023年12月末までのご購入が対象となります。2024年1月1日から開始される新しいNISA制度において、ファンドは「成長投資枠(特定非課税管理勘定)およびつみたて投資枠(特定累積投資勘定)」の対象となる予定です。
※「新しいNISA(少額投資非課税制度)の成長投資枠およびつみたて投資枠」をご利用の場合
一定の額を上限として、毎年、一定額の範囲で新たに購入した公募株式投資信託などから生じる配当所得および譲渡所得が無期限で非課税となります。販売会社で非課税口座を開設するなど、一定の条件に該当する方が対象となります。また、2024年1月1日以降は、税法上の要件を満たした商品を購入した場合に限り、非課税の適用を受けることができます。くわしくは、販売会社にお問合わせください。
※確定拠出年金法に定める加入者等の運用の指図に基づいて購入の申込みを行う資産管理機関および国民年金基金連合会等の場合、所得税および地方税がかかりません。なお、確定拠出年金制度の加入者については、確定拠出年金の積立金の運用にかかる税制が適用されます。

63

運用のポイント

積立は、シンプル・イズ・ベスト！

＼ Message ／

積立はシンプルだけど、みんなが想像する以上の絶大な効果があるんだよ。

投資信託が初心者に向いているといわれる理由のひとつに「積立投資がしやすい」ことがあります。コツコツと積立を続けることは地味ではありますが、将来に向けて安定的にお金を増やしていくには合理的な「投資戦略」でもあります。なぜなら、毎月一定額を積立することは「価格が下がったときは多く購入し、上がったときには少なく購入する」ことになるから。これを長期間続けると、平均の購入単価が自然と下がっていきやすくなります。これを投資の世界では「ドル・コスト平均法」と呼びます。

積立のメリットはそれだけではありません。先取り貯蓄のなかから自動的に積立をすることで、価格の上下に一喜一憂することなく淡々と投資を続けることができます。「値上がりしているうちに売ってしまおう」「これ以上値下がりするのは怖いから購入するのはやめよう」という自分の気持ちに振り回されないことが積立の最大のメリットともいえるでしょう。

積立投資は財布にも心にも◎

コツコツと一定額を積立する投資（＝ドル・コスト平均法）は、金銭面でもメンタル面でも、リスクを低減してくれるメリットがあります。

ドル・コスト平均法

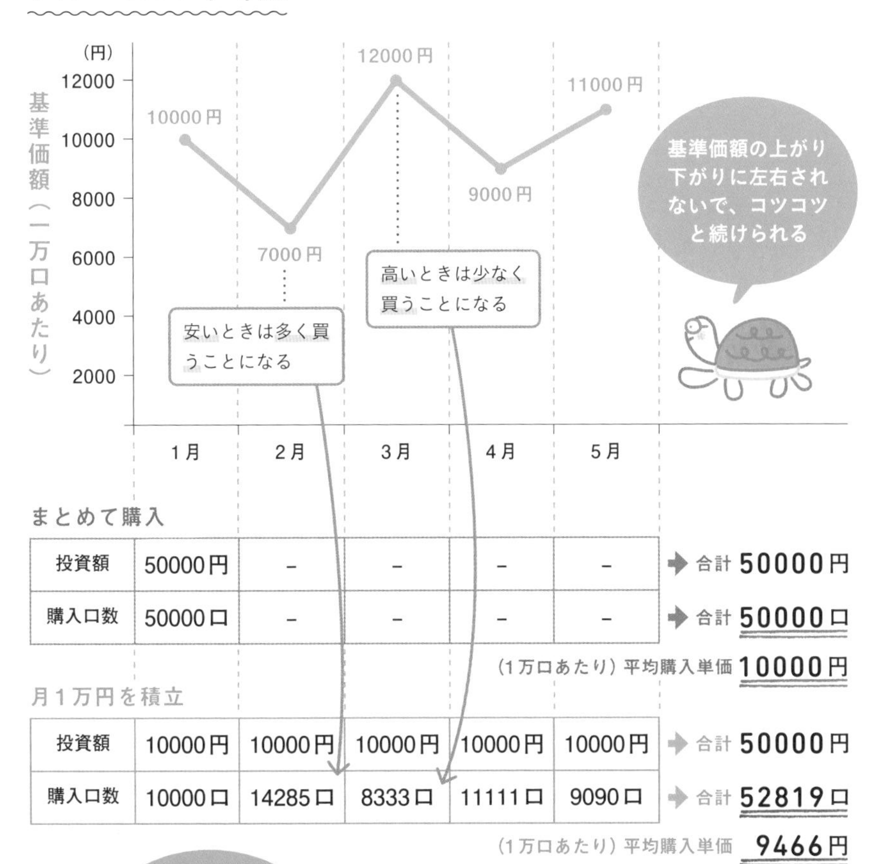
(円)
12000
10000
8000
6000
4000
2000
基準価額（一万口あたり）
10000円
7000円
12000円
9000円
11000円
1月
2月
3月
4月
5月
安いときは多く買うことになる
高いときは少なく買うことになる
基準価額の上がり下がりに左右されないで、コツコツと続けられる

まとめて購入

	1月	2月	3月	4月	5月	合計
投資額	50000円	－	－	－	－	50000円
購入口数	50000口	－	－	－	－	50000口

（1万口あたり）平均購入単価 10000円

月1万円を積立

	1月	2月	3月	4月	5月	合計
投資額	10000円	10000円	10000円	10000円	10000円	50000円
購入口数	10000口	14285口	8333口	11111口	9090口	52819口

（1万口あたり）平均購入単価 9466円

ドル・コスト平均法には平均購入単価が安くなりやすいという効果があるんだ
平均するとこちらのほうが安く買えた！

64

運用のポイント

分配金は「再投資」するのが正解

Message

実は分配金は、預金利息と違って「もらえたほうがお得」とは限らないんだよ。

投資信託には、半年や1年に1回など決算の頻度が決められており、そこで収益の一部を「分配金」として還元するというしくみがあります。ただし、分配金に対するスタンスは商品によってさまざま。毎月分配金を出すことを売りにしている商品もあれば、収益に応じて年に1回出す商品、分配金を出さずにすべて再投資に回すと明言している商品もあります。

「どうせなら分配金がもらえたほうがお得では」と思うかもしれませんが、分配金を出すと、その分、純資産総額が減少することになるので、得をしているわけではありません。また、第3章で説明した「複利効果」という点から考えても、分配金を受け取らずに再投資したほうがお金を効率よく増やすことができます。「分配金をお小遣いとして今すぐ使いたい」という場合は別として、将来のためにお金を増やすのであれば、分配金は再投資して複利効果を狙うのが「正解」といえるでしょう。

再投資すると効率アップ！

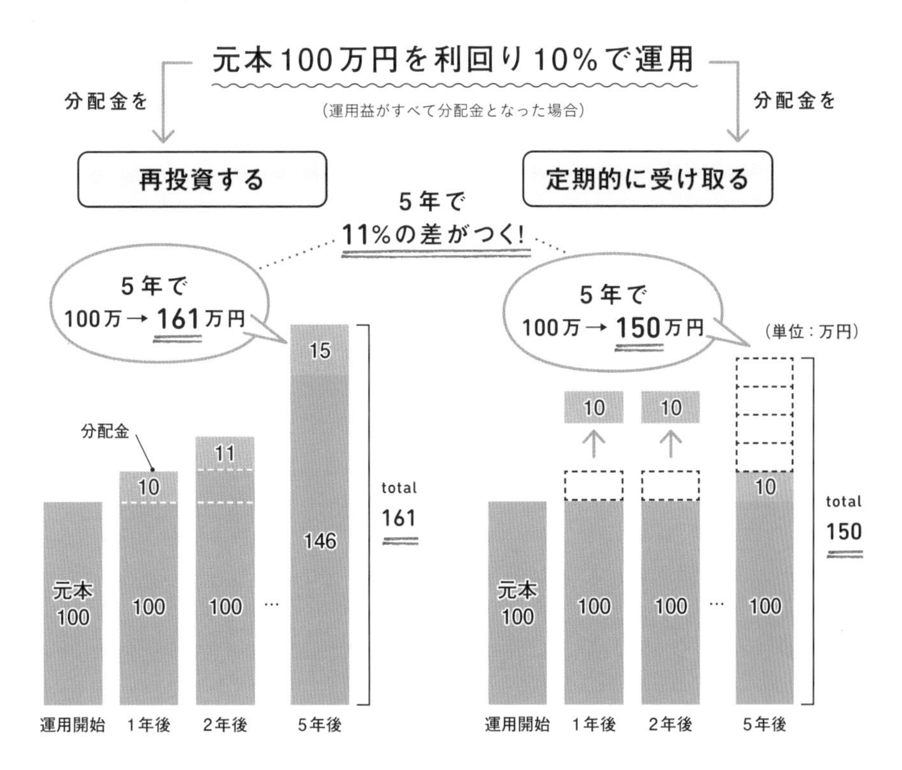

分配金を元本に組み入れることで、投資元本が増えて運用益が大きくなる複利効果を狙えます。

決算ごとに分配金を受け取るため、元本にも毎年の運用益にも変わりはありません。

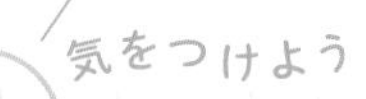

「タコ足配当」の投資信託に注意！

「分配金をお小遣いとして今すぐ使いたい」という場合でも、その分配金がちゃんと収益から出ているのかをしっかり確認しましょう。なぜなら、過去には毎月分配型を中心に、元本を取り崩して分配金を出す、いわゆる「タコ足配当」の商品が問題視されたこともあったからです。

65

運用のポイント

「株式と債券」「国内と海外」に分ける

\ Message /

安定して増やすには4資産に25％ずつ分散する「国際分散投資」が基本だよ。

第3章で「卵は1つのカゴに盛らない」という話をしましたが、投資信託における「分散」は、単に特定の商品に集中しないということではありません。複数の商品に分散しても、それらがすべて日本株で運用する商品であれば、分散効果は限定的になってしまいます。

分散の王道は、株式と債券、そして国内と海外に分けること。つまり「国内株式」「海外株式」「国内債券」「海外債券」という4資産に25％ずつ分散させる国際分散投資が基本です。そして、こうした複数の資産の組み合わせのことを「ポートフォリオ」と呼びます。

このような4資産の国際分散投資によって安定的に増えることが期待できますが、さらに安定的な成長を望むのであれば国内と海外の不動産を加えて6資産にしたり、同じ海外でも先進国と新興国を分けることで8資産にしたりするのもよいでしょう。より幅広い分散効果が得られます。

ポートフォリオの例

4資産均等の例

資産配分で見ると

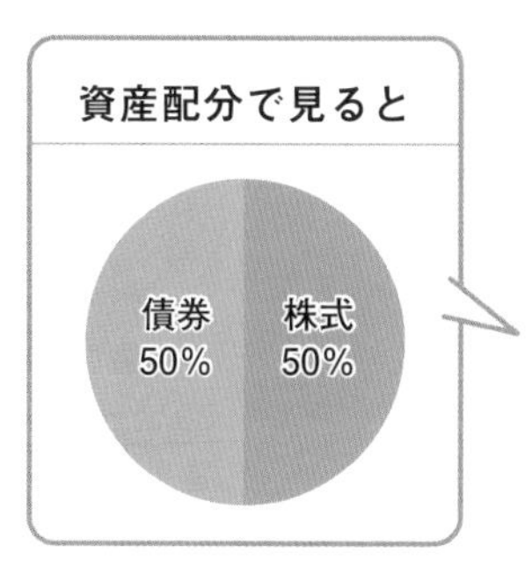

国内債券
25%
国内株式
25%
海外債券
25%
海外
株式25%

地域別で見ると

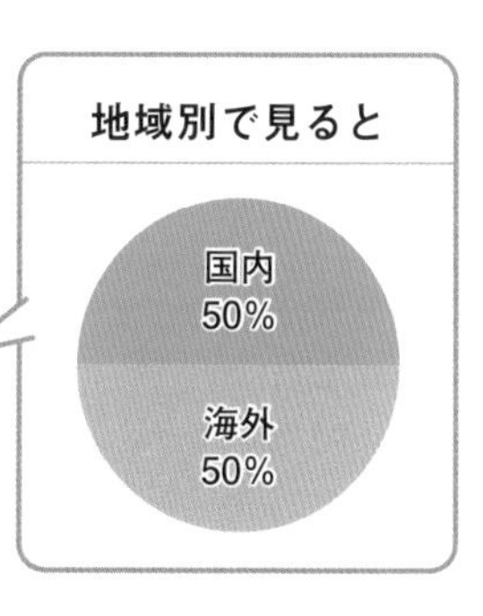

安定的な成長をめざすベーシックな国際分散投資。債券比率を高めると安定型に、株式比率を高めると成長型に調整できます。

6資産均等の例

海外不動産
16.7%
国内株式
16.7%
国内不動産
16.7%
海外株式
16.7%
海外債券 16.7%
国内債券 16.7%

資産配分では株式、債券、不動産の3つに、地域別では国内と海外の2つに同じ割合で投資されます。

8資産均等の例

先進国不動産 12.5%
国内株式 12.5%
国内不動産
12.5%
先進国株式
12.5%
新興国債券
12.5%
新興国株式
12.5%
先進国債券 12.5%
国内債券 12.5%

資産配分では株式と債券が各37.5%、不動産が25%となり、地域別では日本と先進国が各37.5%、新興国が25%となっています。

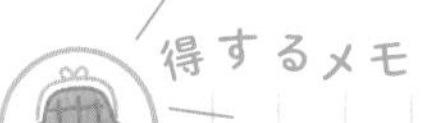

得するメモ

「バランスファンド」を活用しよう

投資信託のなかには、1つの商品で「国際分散投資」を実現するものがあります。それが「バランスファンド」と呼ばれるもの。商品によって4資産、6資産、8資産などいろいろですが、1つの商品で幅広く分散投資できるのでとても手軽で便利。管理が楽なのも魅力です。

66

運用のポイント

年に一度はリバランスをしよう

Message

安定的に増やしていくための鍵を握っているのが、年に一度のリバランスだよ。

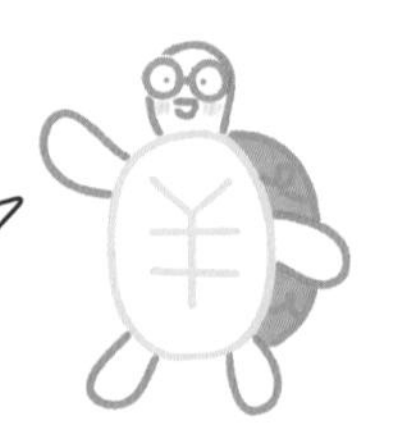

資産ごとの割合を決めて分散投資をしても、株式や債券の価格は変動するので、時間の経過とともに最初の割合からずれていきます。たとえば、当初4資産を25%ずつ分散したはずが、海外株式が大きく値上がりして40%になっていたとしたら、想定よりリスクをとりすぎているといえます。

こうした状態から当初決めた割合に戻すために1年に1回行いたいのが「リバランス」です。リバランスには大きく①割合が増えたものを売却し、減ったものを買い増す、②割合が増えたものの毎月の積立額を減らし、減ったものを増やす、という2つの方法があります。①のメリットは、値上がりしたものを売却するので利益が確定できること。ただしNISAの年間の非課税枠には上限があり、iDeCoも毎月の積立可能額が決まっているので、割合の減ったものを買い増しできないこともあります。そうした場合は、②の方法で時間をかけながら調整していくのがよいでしょう。

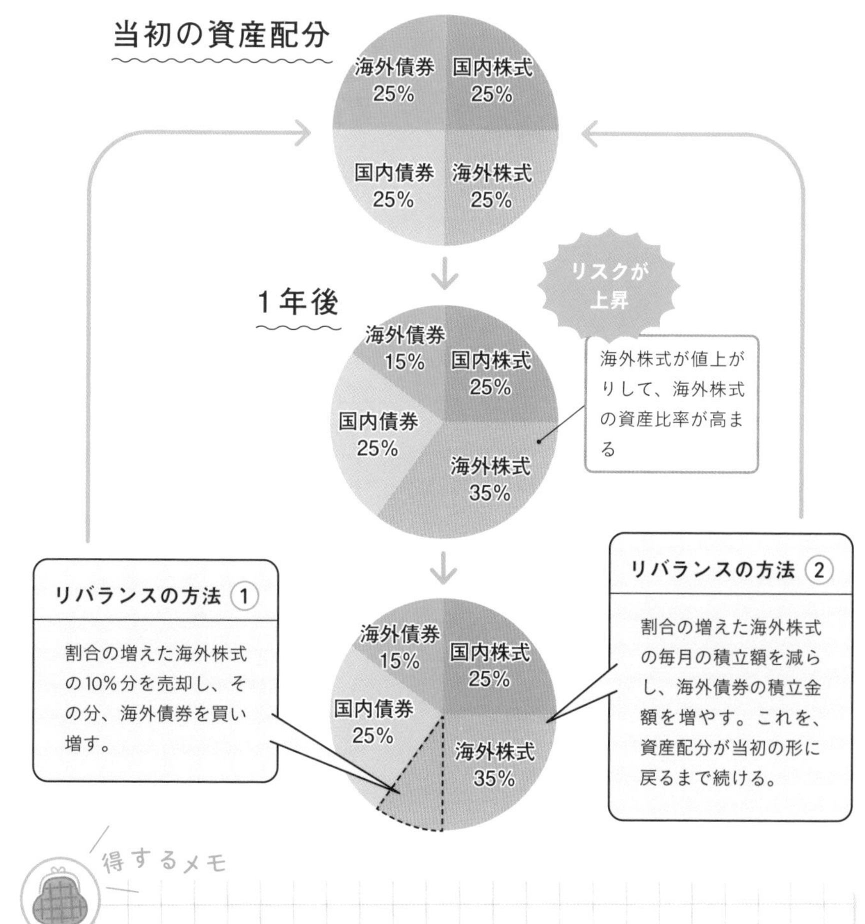
どちらかの方法でリバランス
当初の資産配分
海外債券 25%
国内株式 25%
国内債券 25%
海外株式 25%
1年後
リスクが上昇
海外債券 15%
国内株式 25%
国内債券 25%
海外株式 35%
海外株式が値上がりして、海外株式の資産比率が高まる
リバランスの方法 ①
割合の増えた海外株式の10%分を売却し、その分、海外債券を買い増す。
海外債券 15%
国内株式 25%
国内債券 25%
海外株式 35%
リバランスの方法 ②
割合の増えた海外株式の毎月の積立額を減らし、海外債券の積立金額を増やす。これを、資産配分が当初の形に戻るまで続ける。

得するメモ

バランスファンドなら自動でリバランス！

1つの商品で国際分散投資ができる「バランスファンド」。そのなかには、市場環境によって資産のバランスが変化した際、自動でリバランスを行ってくれるタイプの商品があります。投資信託のなかで運用商品の入れ替えが行われているだけなので、私たちの手間も必要なく、新たに非課税枠を使うということもありません。もれなくリバランスを継続していくためにはこうした商品を活用するのも1つの方法です。

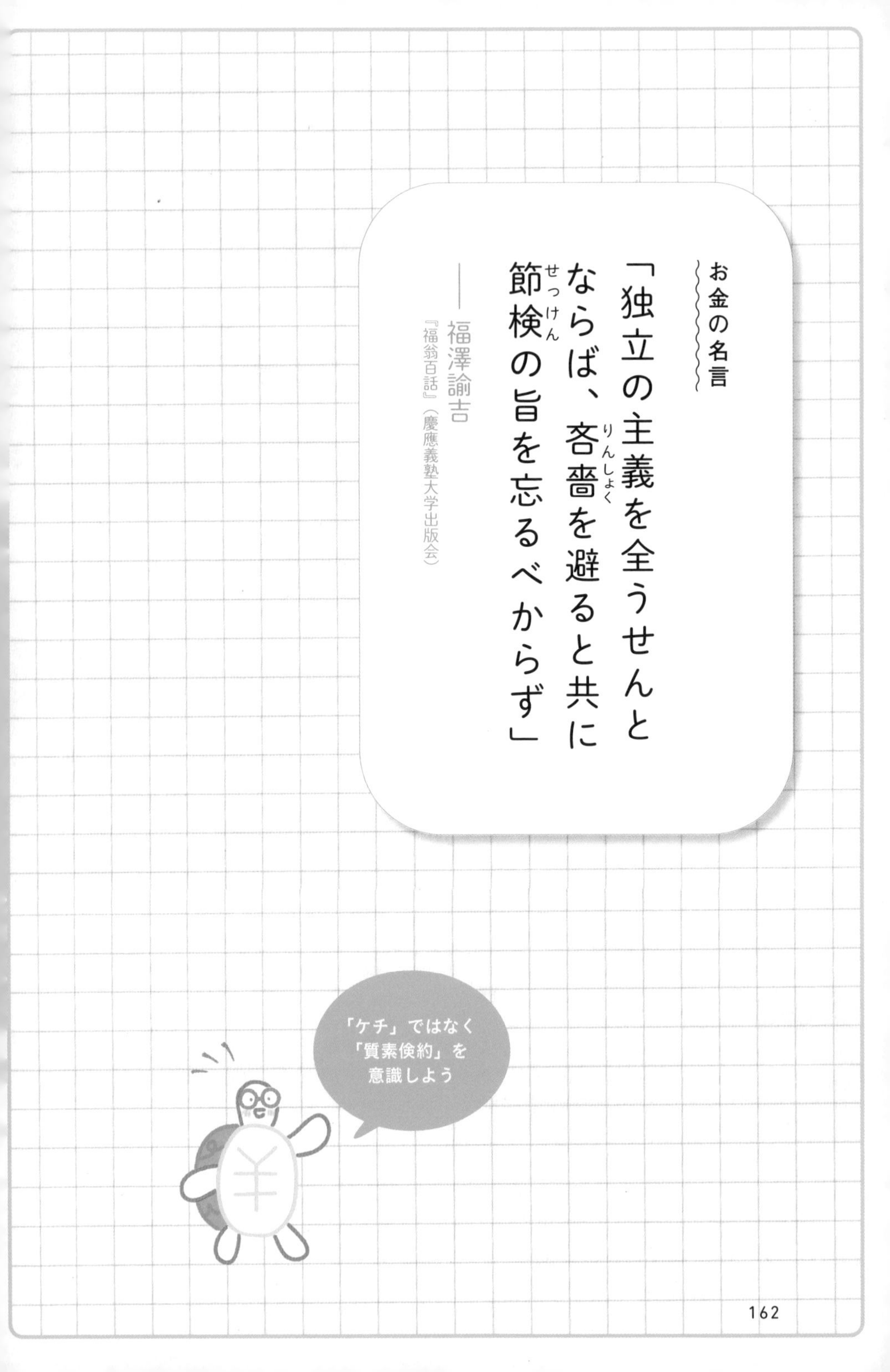

お金の名言

「独立の主義を全うせんとならば、吝嗇（りんしょく）を避ると共に節検（せっけん）の旨を忘るべからず」

――福澤諭吉

『福翁百話』（慶應義塾大学出版会）

第5章

つみたてNISAで投資を始めよう

国が投資を後押しするための政策として注目されているのが、NISA（少額投資非課税制度）。投資で得た利益に対してかかる税金が非課税になる魅力的な制度です。2024年からは新NISA制度も始まりますので、理解を深めて、上手に活用していきたいものです。

67

NISAの基本

利益に税金がかからない

Message

投資で得た利益に税金がかからないと、それだけ多くの利益を手元に残せるよ。

投資への関心の高まりとともに注目が増しているのがNISA（ニーサ）です。2014年1月から約10年の間にNISA口座の開設数は1800万口座を突破するまでになりました。NISAを日本語に訳すと「少額投資非課税制度」。「非課税」とあるように、NISA口座を通じて投資をすると、そこから得られた利益に対する税金が非課税になります。

通常の証券口座で投資をした場合、株式や投資信託を売買して利益が出ると、利益の20・315%が課税されます。仮に10万円の利益が出たとすると、2万315円が差し引かれ、手元に残るのは7万9685円。

一方、NISA口座で売買を行えば、10万円の利益はもちろん、たとえ1000万円、1000万円の利益が出ても税金はかかりません。

「将来のために少しでもお金を増やしたい」という人にとってNISAはとても嬉しい制度なのです。

NISA口座の非課税メリット

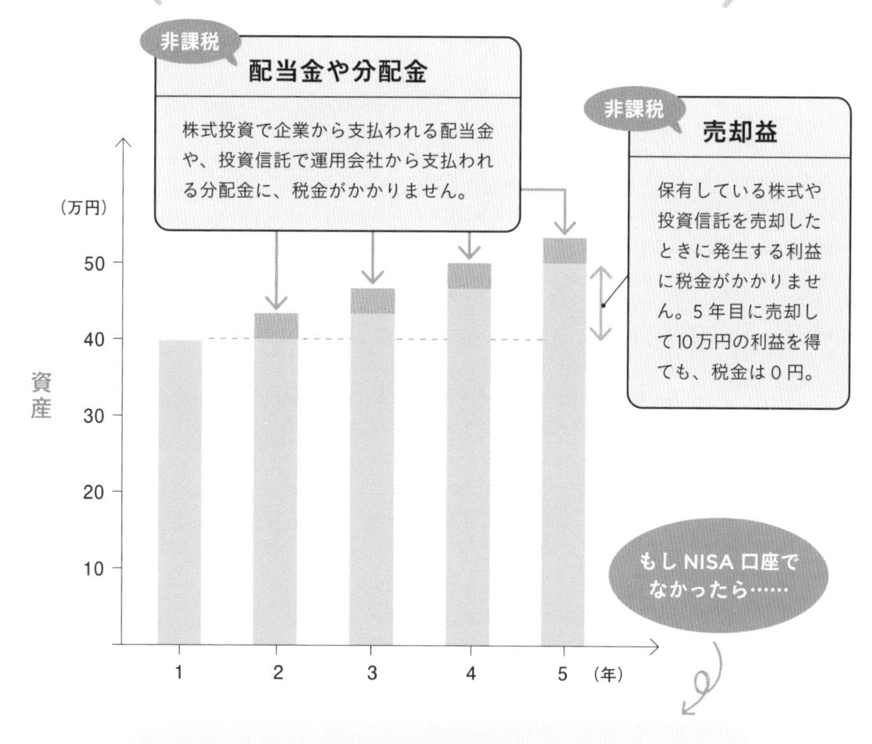

非課税
配当金や分配金
株式投資で企業から支払われる配当金や、投資信託で運用会社から支払われる分配金に、税金がかかりません。
非課税
売却益
保有している株式や投資信託を売却したときに発生する利益に税金がかかりません。5年目に売却して10万円の利益を得ても、税金は0円。
(万円)
50
40
資産
30
20
10
1
2
3
4
5
(年)
もしNISA口座でなかったら……

一般の証券口座の場合

売却時の課税額　利益10万円×税率20.315%
＝2万315円

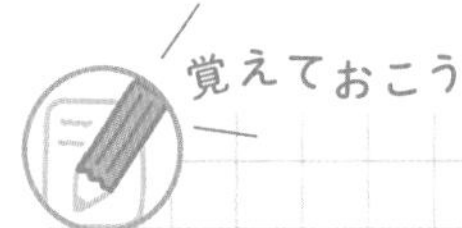

NISAの名称の由来は？

「NISA」という名称は、1999年に導入されたイギリスの個人貯蓄口座であるISA（イーサ）(Individual Savings Account)に由来します。

このISAをお手本にしながら日本版として設計したので、日本(Nippon)の頭文字をつけてNISAという名称になりました。

68

NISAの基本

どちらを選ぶ？ 2タイプのNISA

\ Message /

「一般NISA」と「つみたてNISA」、それぞれの特徴を把握したうえで選択しよう。

NISAには「一般NISA」と「つみたてNISA」の大きく2つのタイプがあります。どちらもどれだけ利益が出ても非課税になるという点では共通していますが、非課税投資枠については1年間ごとの投資額の上限がそれぞれ決められており、2023年現在、一般NISAの上限は120万円、つみたてNISAは40万円となっています。

また、非課税期間や投資対象にも違いがあります。非課税期間は一般NISAが5年、つみたてNISAが20年。一般NISAでは株式も投資信託も対象となるのに対し、つみたてNISAでは長期の積立・分散投資に適した一定の投資信託のみで、購入方法もその名の通り、積立に限られています。このように違いがある2つのNISAですが、これらは残念なことに併用ができず、どちらか一方しか口座開設ができません。それぞれの特徴をしっかり把握したうえで最適なほうを選択しましょう。

一般NISAとつみたてNISAの違い

一般NISA	OR どちらか一方を選ぶ（併用はできない）	つみたてNISA
18歳以上	対象年齢	18歳以上
～2023年末	口座開設及び投資できる期間	～2023年末
最長5年	非課税期間	最長20年
年間120万円まで（5年で600万円）	非課税投資枠	年間40万円まで（20年で800万円）
株式・投資信託など	投資対象	長期の積立・分散投資に適した一定の投資信託
一括または積立	購入方法	積立

2024年からの制度は次ページへ

覚えておこう

ジュニアNISAは2024年以降、新規購入が廃止に

実はNISAには、これら2つのタイプ以外に「ジュニアNISA」というものも存在します。未成年者を対象に年間80万円の非課税投資枠が与えられるものですが、2023年末で制度が廃止されることに。2024年以降は継続保有のみで新規購入ができなくなります。

69

NISAの基本

新NISAでは何がどう変わる？

＼ Message ／

2024年から「新NISA」として生まれ変わり、非課税枠がさらに大きくなるよ。

現在、一般NISAとつみたてNISAという2つのタイプがあるNISAですが、2024年からは「新NISA」として新たに生まれ変わります。新NISAでは、一般NISAは「成長投資枠」、つみたてNISAは「つみたて投資枠」として両方の非課税投資枠が併用できるように。また、口座開設期間が恒久化されるとともに、これまで5年もしくは20年となっていた非課税期間についても無期限になります。

非課税投資枠も大幅に拡充されます。成長投資枠は240万円、つみたて投資枠は120万円、合計で年間最大360万円、生涯での総枠としては最大1800万円まで非課税で投資できるようになります。また、現在のNISAではいったん使った非課税投資枠はその後売却をしても再利用できませんが、新NISAでは総枠の上限に達しても、売却をすればその分の枠を再利用することが可能に。活用価値が一段と高まりそうです。

新NISAのしくみ

新NISA		
成長投資枠	AND 併用できる	つみたて投資枠
18歳以上	対象年齢	18歳以上
恒久化	口座開設できる期間	恒久化
無期限	非課税期間	無期限
240万円	年間非課税投資枠	120万円
1200万円	非課税保有限度額（総枠）	成長投資枠と合わせて1800万円
株式・投資信託など	投資対象	長期の積立・分散投資に適した一定の投資信託
一括または積立	購入方法	積立

2023年までの投資分は？
2023年までのNISA制度での投資分は、この総枠に含まなくてOK

売却したら枠はどうなる？
総枠に達しても、売却するとその分の枠が復活し、年間非課税枠の範囲で投資が可能に

70

NISAの基本

いつでも売却して現金化できる

Message

NISAはいつでも引き出しできるから、急にお金が必要になっても対応できるよ。

投資で資産形成を始めようと考えても、途中でお金が必要になったときに困るのではないかと不安に思う人もいるかもしれません。しかし、NISAは必要に応じていつでも保有している商品を売却して、現金として引き出すことができます。長期的な積立投資が想定されているつみたてNISAでも、積立額を減らしたり、積立をストップして保有（運用）だけ行ったり、途中引き出し（売却）したりすることができます。結婚や引っ越しなどのライフイベントの発生に応じて現金化できるので、気負わず投資にチャレンジできますね。

ただし、一般NISAやつみたてNISAは、売却したからといってその分の年間非課税投資枠を再利用することができません。限度額まで投資している場合、一部を売却しても同じ年に追加で購入することはできないので、注意してください。

売却すると非課税枠はどうなる？

年間非課税投資枠の場合

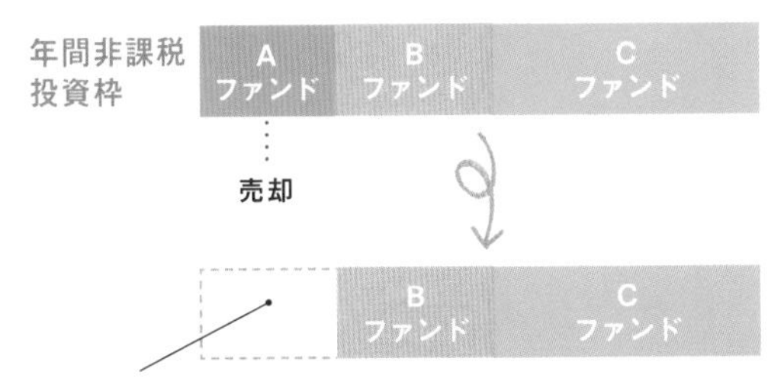

一部を売却しても、その分の年間非課税枠は戻りません。左図は限度額まで投資しているため、同じ年に別の商品を購入して非課税枠に入れることはできないのです。

売却した分の年間非課税枠は再利用できない

新NISAでの総枠の場合

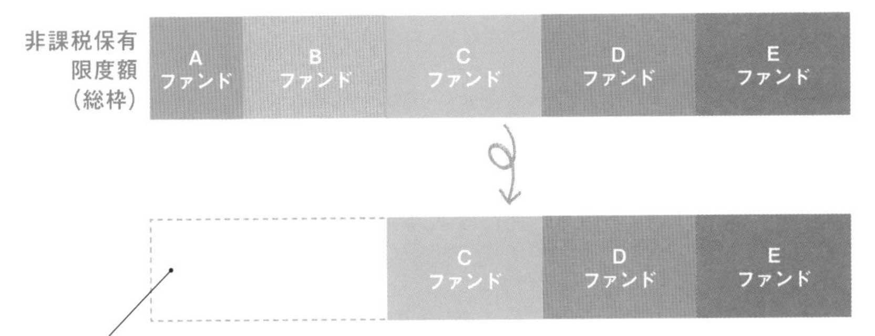

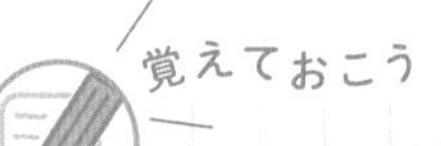

新NISAでは、非課税保有限度額（総枠）の1800万円に達しても、一部を売却することで、年間非課税枠の範囲であれば、売却した商品の買付額分の投資（枠の再利用）が可能になります。

覚えておこう

売却から引き出しまでは何日？

「いつでも引き出せる」とはいっても、投資信託の場合、銀行預金と違ってその日にすぐ引き出すことはできません。投資信託は売却してから受け渡しまでに必要な日数が商品ごとに決まっています。多くの場合、3～5営業日ほどで実際の引き出しが可能になります。

71

NISAの基本

覚えておきたいデメリット

Message

NISAは利益が出たときにお得になる制度。損失の場合はデメリットも。

ＮＩＳＡはどんなに利益が出ても非課税という点が大きなメリットですが、裏を返すと「利益が出なければメリットがない」ともいえます。そればかりか、損失が出た場合にはデメリットもあります。そのひとつが「損益通算」ができないということです。

仮に一般の証券口座を2つ持っており、ある年に、Ａ証券では20万円の損失、Ｂ証券では20万円の利益が出たとします。この場合、相殺するとプラマイゼロなので税金はかからず、Ｂ証券で源泉徴収された税金も戻ってきます。相殺しても損失が残っていれば、「譲渡損失の繰越控除」として確定申告することで損失を3年間繰り越すことができ、損失を上回る利益が出るまで課税されません。しかしＮＩＳＡでは、こうした損益通算や譲渡損失の繰越控除が使えません。ＮＩＳＡ口座で損失が出ても他の証券口座で利益が出たら課税されてしまうことになるのです。

「損益通算」のしくみ

損益通算の例①

	A証券	B証券
利益		+20万円
損失	−20万円	

→ 損益は相殺されて「0円」となり、課税なし！

損益通算の例②

	A証券	B証券
利益		+10万円
損失	−70万円	

→ 損益は相殺されて「−60万円」となり、課税なし！

損失は3年間まで繰り越しOK

（万円）

	1年後 利益5万円		2年後 利益30万円		3年後 利益15万円	
利益	+5		+30		+15	
損失	−55	損失を繰り越し	−25	損失を繰り越し	−10	4年目には繰り越せない
	5万円相殺		30万円を相殺		15万円を相殺	
	課税なし!		課税なし!		課税なし!	

損益通算で控除しきれなかった損失は、翌年以降3年間は利益と相殺することで課税を減らすことができます。これを「譲渡損失の繰越控除」といいます。

NISA口座ではこの「損益通算」ができないんだ

72

つみたてNISAの特徴

低コスト商品がラインナップ

\ Message /

つみたてNISAで購入できるのは金融庁に届出された商品だけに限られているよ。

さて、ここからはNISAのなかでも「つみたてNISA」について詳しく見ていくことにしましょう。

つみたてNISAは、その名の通り、積立を前提とした制度であることに加え、投資対象商品が投資信託と一部のETFに限定されていることが大きな特徴です。「長期」「積立」「分散」という安定的に増やすための王道の投資を制度として後押ししているといえます。

つみたてNISAで購入できる商品は、購入手数料が無料（ノーロード）であること、信託報酬が一定水準以下であること、信託契約期間が無期限または20年以上であること、毎月分配型でないことといった条件を満たし、金融庁に届出がされたものに限られています。2023年5月現在で対象となっているのは228本。公募投資信託が約6000商品あることを踏まえると、かなり厳選されています。

初心者が選びやすい品揃え

つみたてNISAの対象商品の主な条件

CHECK!

＊公募株式投資信託の場合

- □ 購入手数料（販売手数料）がゼロであること（ノーロード）
- □ 信託報酬が一定水準以下であること
  - 国内株式のインデックスファンドの場合0.5%以下
  - 海外株式も含むインデックスファンドの場合0.75%以下
- □ 信託契約期間が無期限または20年以上であること
- □ 分配金が毎月分配型でないこと

つみたてNISA対象商品：228本の内訳

		国内	内外	海外
公募投信	株式型	44本	19本	58本
	資産複合型	5本	92本	2本
ETF（イーティーエフ）		3本	–	5本

株式のみ

株式、債券、不動産などの組み合わせ

金融庁「NISA特設ウェブサイト」より。2023年5月26日時点

覚えておこう

「ETF」ってどんな投資信託？

　つみたてNISAでごくわずかだけ対象となっているETF。これは"Exchange Traded Fund"の略称で、日経平均株価や東証株価指数（TOPIX）などの指数に連動するインデックスファンドでありながら、株式市場に上場している「上場投資信託」を指しています。

73

つみたてNISAを始めよう

フローチャートで流れをつかむ

口座開設

初回だけ行う

① 証券総合口座とNISA口座を開設する

▼ P178

設定

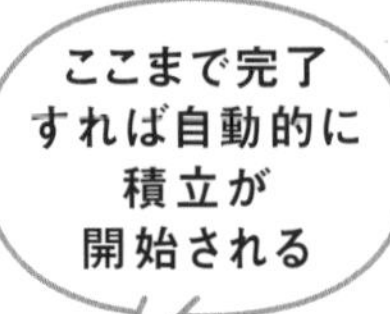

ここまで完了すれば自動的に積立が開始される

② 積立する商品を選ぶ

▼ P180

③ 積立頻度、金額、決済方法を設定する

▼ P184

非課税投資枠を無駄なく使い切るための方法がある ▶ P188

詳しい内容は参照ページで説明するよ

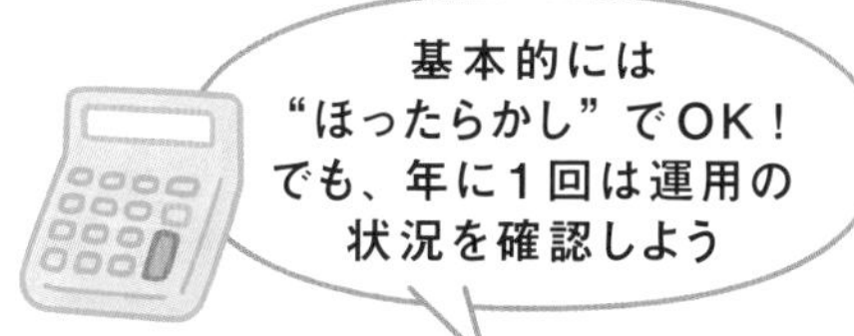
基本的には
"ほったらかし"でOK！
でも、年に1回は運用の
状況を確認しよう

設定した
内容で自動積立
（購入）

売却

保有中

第5章
つみたてNISAで投資を始めよう

④ 資産状況や運用状況をチェック

〈チェックポイント〉

○ 資産状況
積立総額、評価損益などを確認。同時に、資産配分が崩れていたらリバランスを行います。

○ 積立金額・頻度
収入の増減や目標の変化に応じて、月々の積立金額を見直します。

○ 1年の積立予定額
今年の積立予定額を確認し、非課税投資枠の未使用分が出る場合は活用できないか考えてみます。

⑤ 必要に応じて売却&現金化する

▼
P190

積立頻度や金額を
変更したり、別の商品に
変更したいときは、
設定を変えるだけ！

GOAL

74

つみたてNISAを始めよう

まずはNISA口座を開設しよう

Message

口座開設は店舗でもインターネットでも可能。自分の好きな方法を選ぼう。

つみたてNISAを始めるには、何はともあれNISA口座を開設する必要があります。その金融機関とのお付き合いが初めての場合には、証券総合口座とNISA口座の開設を同時に行う必要があります。手続きは、直接、必要書類を持って店舗に行って申し込むこともできますし、インターネットから申し込むこともできます。後者については、口座開設書類の取り寄せだけインターネットから行い、本人確認書類と併せて郵送で返送する方法もあれば、本人確認書類もデータでアップロードするなどすべてインターネット上で完結する方法もあります。

すでに証券総合口座がある場合には、追加でNISA口座の開設を申し込めばOKです。NISA口座の場合、重複して開設していないかなど税務署による審査があるので、積立は先行してスタートできますが、実際に開設完了となるまでには2週間前後かかるのが一般的です。

NISA口座の開設の流れ

その金融機関で初めて証券総合口座とNISA口座を開設する手続きの流れを紹介します。NISA口座は証券会社のほか、さまざまな金融機関で開設できます（金融機関の選び方→P132～137）。

店舗の場合

申請書類、本人確認書類、マイナンバー確認書類などを揃えて、窓口に持参。「NISA口座も同時に開設」などの項目に忘れずにチェックをつけましょう。

最短で即日取引スタート！

税務署の審査を待たずにNISA口座を仮開設＆取引開始できるんだ

インターネットの場合

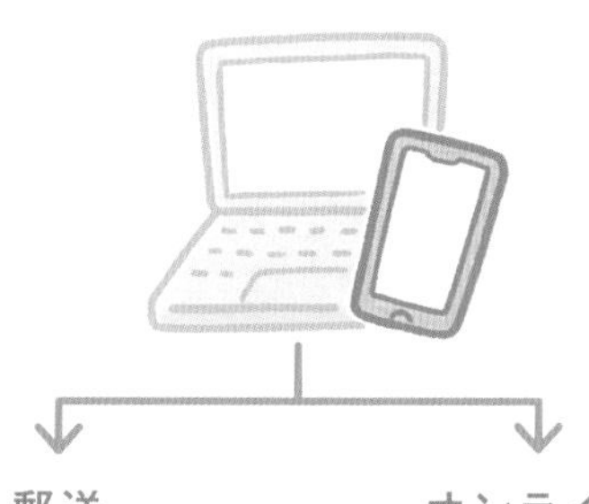

郵送

金融機関のホームページから、口座開設書類の請求を行います。

到着した申請書類に必要事項を記入し、本人確認書類、マイナンバー確認書類などを添えて郵送で返送します。

3～10日ほどで取引スタート！

オンライン

ホームページ内の口座開設フォームに従って必要事項を入力し、本人確認書類やマイナンバー確認書類のウェブアップロードを行います。

最短で即日取引スタート！

覚えておこう

NISA口座は銀行でも開設できる

投資信託の積立を行うのであれば、証券会社ではなく銀行にNISA口座を開設する方法もあります。

この場合は、普通預金口座と投資信託口座を開設したうえで、NISA口座の開設申し込みを行うことになります。こちらも同様に税務書の審査後に開設完了となります。

75

つみたてNISAを始めよう

積立する商品を選ぶ

Message

NISA口座が開設できたら、次は商品選び。積立対象の商品のなかから選ぼう。

商品を選ぶときに大切なのは、投資の目的やリスク許容度（↓130ページ）を踏まえて自分に合った資産配分を考えるということです。158ページで紹介した通り、「国内株式」「海外株式」「国内債券」「海外債券」の4資産に25％ずつというのが国際分散投資の基本ですが、この場合の期待利回りはおおよそ4％前後といわれています。これを基準として「数年以内に使う予定があるお金だからリスクを減らそう」「老後まであと30年はあるから積極的に運用しよう」など調整しながら資産配分を決め、それに合わせて商品を選ぶという流れ。資産配分を決定したら、証券会社のウェブサイトで条件を指定して検索し、レーティングやランキングなども参考にしながら積立をする商品を決定していきます。

ただし、つみたてＮＩＳＡの対象商品では債券のみで運用するものはありません。バランスファンドを上手に活用しながら配分しましょう。

用語　「レーティング」とは、投資の専門家などが評価した投資信託や債券などの格付けのこと。

資産配分によって利回りが異なる

安定運用から超積極運用まで、資産配分によって期待される利回り（リターン）は異なります。自分に合った資産配分を考えてみましょう。

期待利回り別の資産配分例

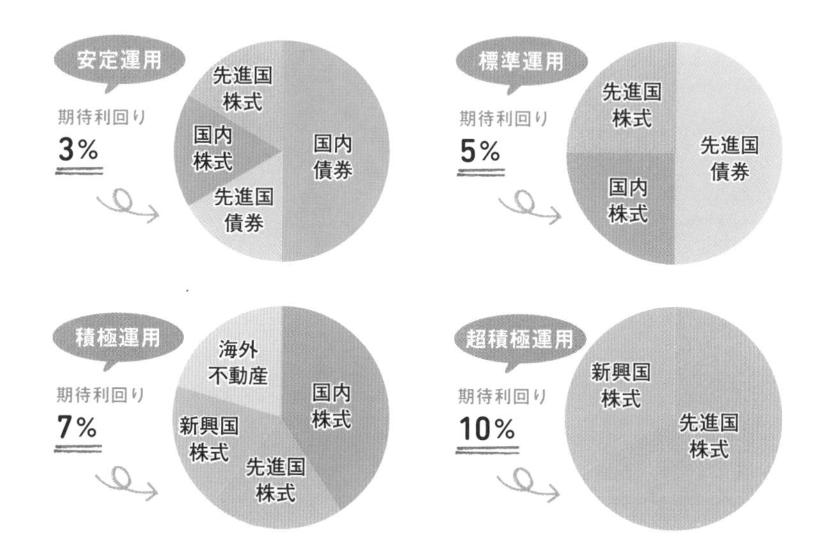

やってみよう

目標達成に必要な利回りは？

資産配分や期待利回りを考えるとき、目標金額の達成に必要な利回り（リターン）を計算してみるのもおすすめ。自動計算してくれるウェブサイトを活用すると簡単です。

右の楽天証券のサイトでは、目標金額や、毎月の積立金額、積立期間を入力すると、必要な利回りが計算されます。

楽天証券「積立かんたんシミュレーション」
https://www.rakuten-sec.co.jp/web/fund/saving/simulation/

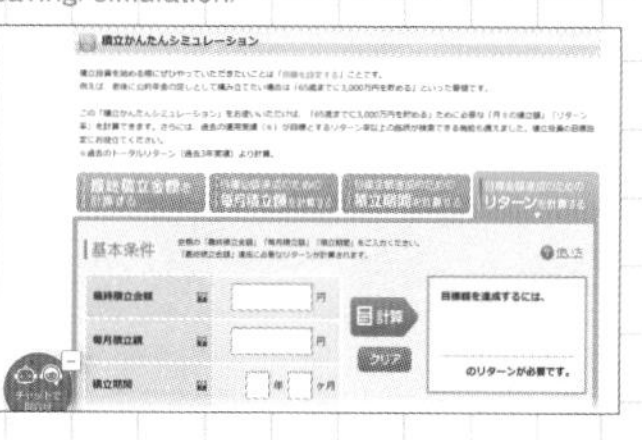

実際の商品選びを見てみよう

それでは、実際のネット証券会社（SBI証券）の画面を見ながら、商品の検索方法を見ていきましょう。

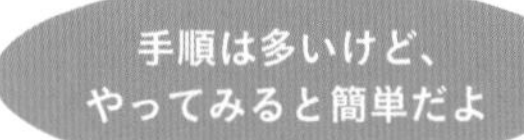

手順は多いけど、
やってみると簡単だよ

SBI証券「投資信託 パワーサーチ」
https://site0.sbisec.co.jp/marble/fund/powersearch/fundpsearch.do

①
SBI証券のホームページを開き、「投信」タブの「銘柄検索・取扱一覧」をクリックする。

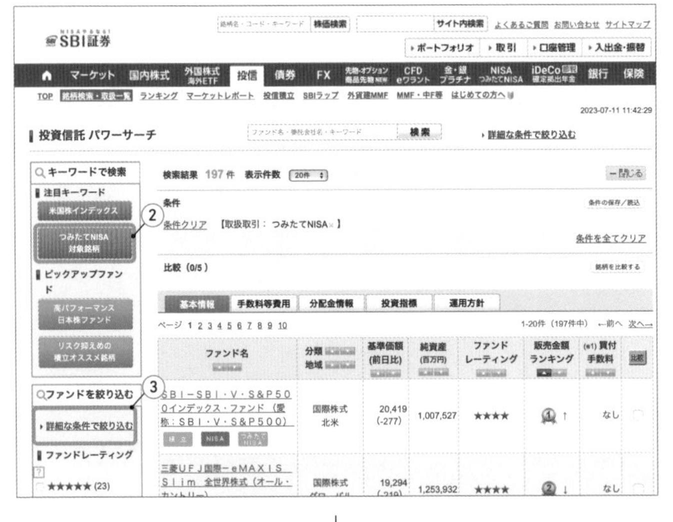

②
「つみたてNISA対象銘柄」をクリックして、つみたてNISAの対象商品だけを検索。

③
「詳細な条件で絞り込む」を押すと、条件を指定する画面が表示される。

検索結果 197件　この条件で再検索

ファンドレーティング	★★★★★(23) ★★(6)	★★★★(86) ★(1)	★★★(64) 条件クリア
ファンド分類 ④	国内株式 (39) 国際債券 (0) バランス (87) ブル・ベア (0)	国際株式 (71) 国内REIT (0) コモディティ (0) その他 (0)	国内債券 (0) 国際REIT (0) ヘッジファンド (0) 条件クリア
投資地域	グローバル (123) 欧州 (1) エマージング (12) アフリカ (0)	日本 (41) アジア (1) 中南米 (0) その他 (0)	北米 (19) オセアニア (0) 中近東 (0) 条件クリア
買付手数料	無料(197) 3.3%以下(197)	1.1%以下(197) 3.3%超(0)	2.2%以下(197) 条件クリア
信託報酬 ⑤	0.55%以下(169) 2.2%以下(197)	1.1%以下(189) 2.2%超(0)	1.65%以下(197) 条件クリア
資金流出入	1年連続流入(103) 1年連続流出(1)	6ヶ月連続流入(107) 6ヶ月連続流出(2)	3ヶ月連続流入(118) 3ヶ月連続流出(12) 条件クリア
純資産 ⑥	1,000億円以上(24) 50億円以上(132)	500億円以上(42) 10億円以上(166)	100億円以上(104) 10億円未満(31) 条件クリア
基準価額	5,000円以下(0) 15,000円以下(69)	7,500円以下(0) 20,000円以下(128)	10,000円以下(3) 20,000円超(69) 条件クリア
償還まで ⑦	無期限(186) 3年以上(197)	10年以上(197) 1年以上(197)	5年以上(197) 1年未満(0) 条件クリア
運用期間	10年以上(50) 1年以上(190)	5年以上(160) 1年未満(7)	3年以上(180) 条件クリア
取扱取引 ⑧	積立(2462)	NISA(2583)	☑つみたてNISA(197) 条件クリア

検索結果 197件　⑨ この条件で再検索

④
「ファンド分類」「投資地域」の項目で、目的とする投資対象を選んでチェック。債券を入れたい場合は、ファンド分類の「バランス」を選ぶ。

POINT
信託報酬が低いものを選ぶ
→P148

⑤
希望する「信託報酬」にチェック。低いほど低コストになるが、つみたてNISAの対象商品である時点で、一定の基準は満たしている。

⑥
「純資産」は、人気のバロメーター。50億円以上にチェックをつける。

POINT
純資産が安定的に増えているものを選ぶ

⑦ つみたてNISAの対象商品である時点で、無期限または20年以上の商品となっている。

⑧ 「運用期間」(ファンドが運用を開始してからの期間)は、5年または10年以上にチェックをつける(→ P149)。

⑨ 「この条件で再検索」をクリックし、絞り込まれた商品のなかから、レーティングやランキングなどを参考に、積立をする商品を決定する。

商品の変更はいつでもできる。
まずはやってみよう

GOAL

76

つみたてNISAを始めよう

積立頻度や金額、決済方法を設定する

Message

積立頻度、金額、決済方法は、希望に合わせて細かく設定することができるよ。

商品を選んだら、次は積立頻度や毎回の積立金額、決済方法などを設定します。決済の方法は、NISA口座にまとめて資金を入金してそこから決済していく方法もあれば、金融機関によっては、提携している銀行口座から毎月決まった金額を自動的に引き落としたり、クレジットカードで決済できたりする場合も。クレジットカードで積立をするとクレジットカードのポイントも貯められるので一石二鳥ですね。

SBI証券の場合、積立の頻度は、毎月はもちろん、毎週、毎日、隔月などから選ぶことができます。また、積立金額についても、複数の商品について「それぞれ○○円」と指定することもできますし、「全部で5万円」などと設定したうえで、「A投信に30%、B投信に40%、C投信に30%」といった具合に比率で指定することもできます。ボーナス月についても年2回、具体的な日付と金額を指定して増額の設定が可能です。

つみたてNISAの主な決済方法

つみたてNISAの決済方法は、下の３つの方法で行われることが一般的。
それぞれの違いを知って、自分に合った方法を検討してみましょう。

証券口座の残高（買付余力）から決済

あらかじめ証券口座に入金して（お金を預けて）おいて、積立を実行するときに口座の残高（買付余力）から引き落とされるしくみ。積立予定日に残高が不足していると積立が実行されないため、注意が必要です。

Q 証券口座への入金方法は？

A 金融機関ごとにさまざまな方法がありますが、インターネットバンキングを利用して24時間手数料無料で入金できる「金融機関からの即時入金サービス」や、「銀行振込」が一般的。

近年は、電子マネーで決済できる金融機関もあるよ！

指定した銀行口座から決済

銀行や信用金庫など指定した口座から、積立金額が自動的に引き落とされるしくみ。一度設定すれば、証券口座の残高を気にしたり、入金する手続きに煩わされたりすることがなくなります。代わりに、引き落とし先の銀行口座への入金を忘れないようにしましょう。

ポイントがついてお得！

クレジットカードで決済

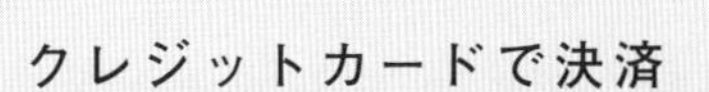

あらかじめ登録したクレジットカードでの決済を設定しておくと、積立が実行されるたびに積立額（決済額）に応じてクレジットカードのポイントが貯まります。銀行口座からの決済と同じく、一度設定しておけば、手間なく自動的に積立が続きます。

！ 金融機関によって、クレジットカード決済可能なカードやポイントが貯められるカードが決まっています。これから証券口座を開設する人は、手持ちのカードと好相性の金融機関を調べてみましょう。

次ページで実際に積立設定を行う手順の一例を紹介するよ

新規積立設定の手順（一例）

つみたてNISAの商品選び（→P180）をしたら、いよいよ積立設定を進めます。ここでも、P182同様、SBI証券のウェブサイトを見ていきます。

1
選んだ商品の詳細ページ（買付画面）で、「つみたてNISA買付」をクリック。

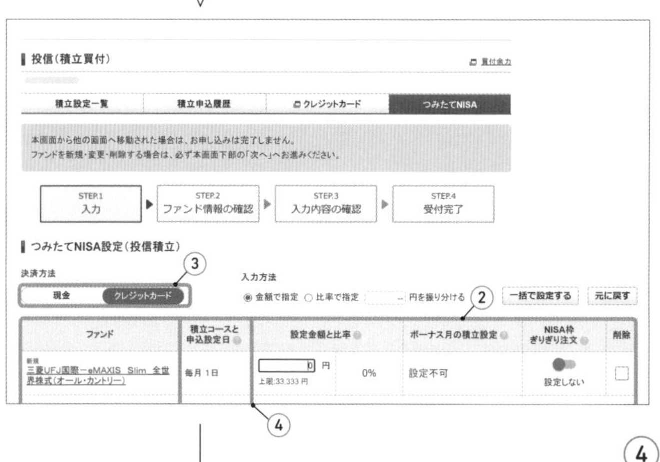

2
「つみたてNISAの設定画面」が開く。選択した商品が自動的に追加されている。

3
決済方法に間違いがないか確認する。

4
現金決済の場合、「積立コース」（積立頻度）を「毎日」「毎週」「毎月」の3コースから選び、申込設定日を入力。クレカ決済の場合は「毎月コース」の1日申し込みのみ。

POINT
どのコースを選んでも大きな差はない。好みで選んでOK

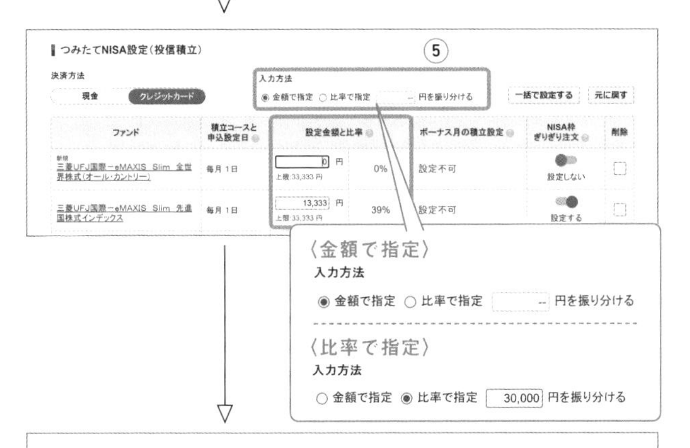

⑤

積立する商品について、それぞれ金額を指定するか、比率を指定するか、どちらかの「入力方法」を選ぶ。比率で指定する場合、1ヵ月の積立金額と比率を指定すると、各商品の積立金額が自動計算される。

⑥

「目論見書」をよく読んで、その商品の情報を確認する。

POINT

目論見書は必ず目を通そう

→P150

つみたてNISA設定（投信積立）

買付余力

STEP.1 入力 ▶ STEP.2 ファンド情報の確認 ▶ STEP.3 入力内容の確認 ▶ STEP.4 受付完了

設定内容のご確認

決済方法	クレジットカード

ファンド名	積立コースと申込設定日	設定金額	ボーナス月の積立設定	NISA枠ぎりぎり注文	1ヵ月あたりの概算	次回発注予定日
三菱UFJ国際－eMAXIS Slim 全世界株式（オール・カントリー）	毎月 1日	20,000円	--円	設定しない	20,000円	2023/09/01
削除 SBI－SBI・V・S&P500インデックス・ファンド	毎月 1日	20,000円	--円	設定する	20,000円	2023/09/01

ご注文の際には ご注意事項 を必ずご確認ください。

取引パスワード ・・・・・・・・・・ 設定する ⑦

⑦

設定する内容に間違いがないか確認したら、「取引パスワード」を入力して「設定する」をクリック。これで完了！

GOAL

77

つみたてNISAを始めよう

年間非課税枠を無駄なく使い切る

\ Message /

年間非課税枠を無駄なく使い切りたいという人にぴったりな方法があるよ。

NISAの年間非課税枠は、毎年1月1日〜12月31日の累積投資額でカウントし、年をまたぐとリセットされます。現在のつみたてNISAの年間の非課税枠は40万円。毎月3万円ずつ年間36万円を積立した場合、4万円の余りが出ますが、それを翌年に持ち越すことはできないルールになっています。加えて40万円を12ヵ月で割ると3万3333円と、どうしても端数が出てしまいます。

「せっかく非課税になるのだから残らず使い切りたい」という人におすすめなのが、それぞれの金融機関オリジナルの機能です。SBI証券の場合、年間非課税枠の残りが積立金額以下の場合に残りの金額分だけ買付を行う「NISA枠ぎりぎり注文」や、通常の証券口座に切り替えて買付を行う「課税枠シフト注文」があり、これらを組み合わせることで無駄なく年間非課税枠を使い切ることができます。

4パターンの設定を比べよう

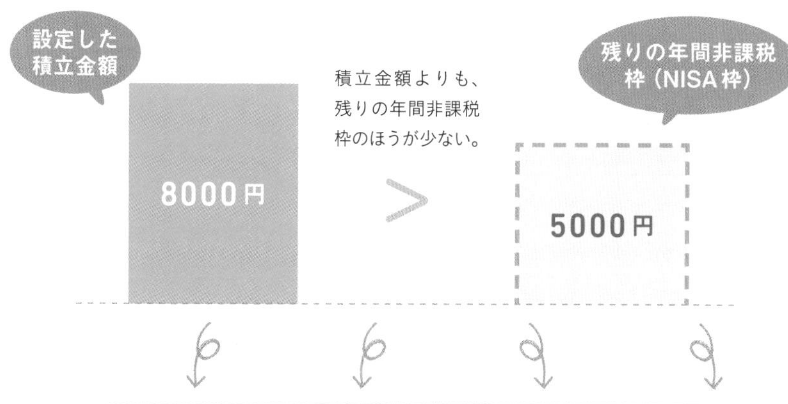

	設定がない	NISA枠ぎりぎり注文	課税枠シフト注文	NISA枠ぎりぎり注文＆課税枠シフト注文
	積立は行われない（年間非課税枠は残ったまま）。	残っている年間非課税枠の金額分だけ、NISA口座で買付。	一般の証券口座に自動シフトして、積立額分の買付が行われる。	残りの年間非課税枠の分はNISA口座で、差額を一般の証券口座で買付。
NISA口座	0円	5000円	0円	5000円
一般の証券口座	0円	0円	8000円	3000円

得するメモ

名称は違っても、目的は同じ！

年間非課税枠を無駄なく使い切るための機能の名称や設定方法は金融機関によって異なります。

たとえばマネックス証券には、毎月の積立設定は3万円だけれど非課税投資枠が残り1万6000円しかない、といった場合に、積立額を非課税枠ぴったりに自動調整してくれる「NISA非課税投資枠使い切り設定」があります。

78

つみたてNISAを始めよう

売却は、必要性とタイミングを計る

＼ Message ／

将来使うお金を準備するための積立だから、「必要になったときに売る」が基本。

つみたてNISAで積立したお金は、いつ売却するのが正解なのでしょうか。投資信託は常に基準価額が変動するので、大きく値上がりすると「今のうちに利益を確定してしまいたい」という気持ちになるかもしれません。でもそれが後から見ても滅多にないほどの高値だったのか、売却後にさらに値上がりして「焦らなければよかった」と後悔を生んでしまうのかは、後になってみないとわかりません。

こうしたことを踏まえても、つみたてNISAの「売りどき」は、大きく3つのパターンで考えるのがよいでしょう。それが、①ライフイベントなどでまとまったお金が必要なとき、②リバランスを行うとき、③購入している商品の運用成果が明らかに不振なとき、の3つです。年に1回のリバランスを行いながら保有を続け、ライフイベントなどでお金が必要になったら必要な分だけ売却する、というのが売却戦略の基本です。

「売りどき」の3パターン

売りどき ①

ライフイベントでまとまったお金が必要なとき

大学の入学費用やマイホーム購入の頭金など、ライフイベントでお金が必要になったら、必要な分だけ売却して現金化しましょう。

売りどき ②

年に1回のリバランスをするとき

年に1回程度、基準価額の変動によって崩れた資産配分を、最初に決めた割合に戻すために値上がりしたものを売却します（リバランス→ P160）。

売りどき ③

保有している商品の運用成果が不振のとき

純資産総額が年々減って30億円を下回った、レーティングが下がっているといった場合に、売却して他の商品に乗り換えます。

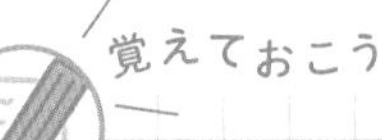

つみたてNISAの保有は最長2042年まで

現行のつみたてNISAと2024年からスタートする新NISAは別々の制度として扱われます。そのため、2023年12月までにつみたてNISAで積立した分は新NISAの生涯での総枠とは別に運用を続けることが可能です。ただし、つみたてNISAは元々、非課税での運用期間が最長20年と決められています。つまり2023年に購入した商品をNISA口座で保有できるのは最長でも2042年まで。これ以降は売却するか、通常の証券口座（課税口座）に移すかを選ぶことになります。

お金の名言

「無知は富と結びついて初めて人間の品位を落とす」

――ショウペンハウエル

『読書について他二篇』斎藤忍随訳（岩波書店）

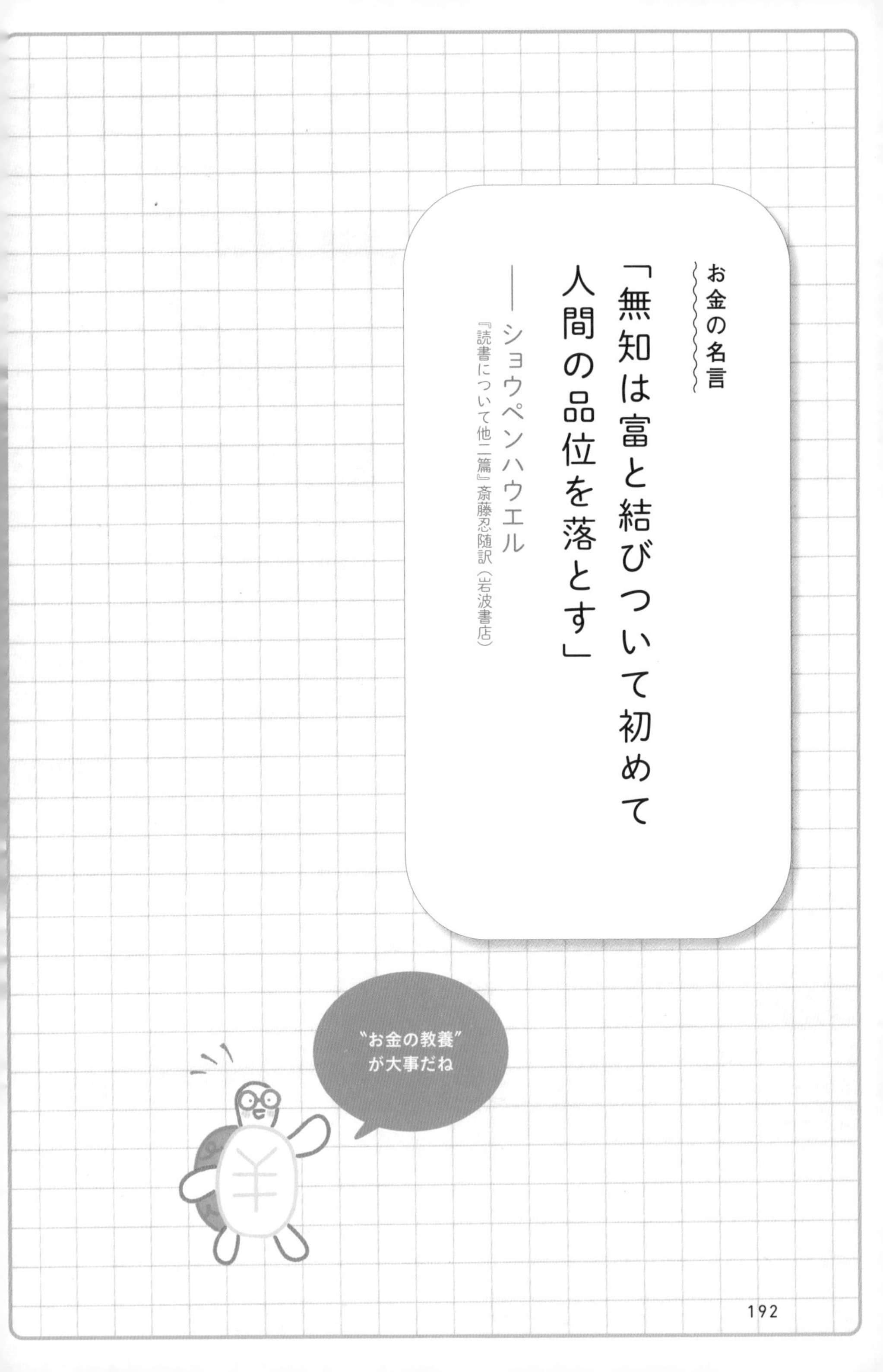

第6章

iDeCoで 老後資金を賢く 準備しよう

iDeCo（個人型確定拠出年金）は、自分で老後資金を準備するための国の制度です。毎月お金を積立して投資信託などで運用し、貯まったお金を60歳以降に受け取るしくみ。節税効果が大きい半面、コストもかかるので、よく理解して活用しましょう。

79

iDeCoの基本

3つの節税効果が最大の魅力

Message

iDeCoの魅力は何といっても節税効果の高さ。これをしっかり味方につけよう。

NISA(ニーサ)は運用で得た利益が非課税になりますが、それよりもさらに大きな節税効果が得られるのがiDeCo(イデコ)(個人型確定拠出年金)です。

iDeCoでは、①掛金の積立時、②運用期間中、③受取時のそれぞれで税金の優遇を受けることができます。数ある資産運用を支援する制度のなかでも、こうした3つの優遇があるのはiDeCoだけです。

まず、①の掛金の積立時ですが、iDeCoの掛金は、所得控除の1つである「小規模企業共済等掛金控除」の対象になります。年末調整や確定申告で所得控除をすることで税額を計算する基準となる課税所得が低くなるため、所得税を抑えることができます。同様に住民税についても節税が可能です。②の運用期間中にはNISA同様、得られた利益が非課税になります。③の受取時についても、年金・一時金という2つの受取方法それぞれに所得控除があります。

iDeCoのしくみと節税ポイント

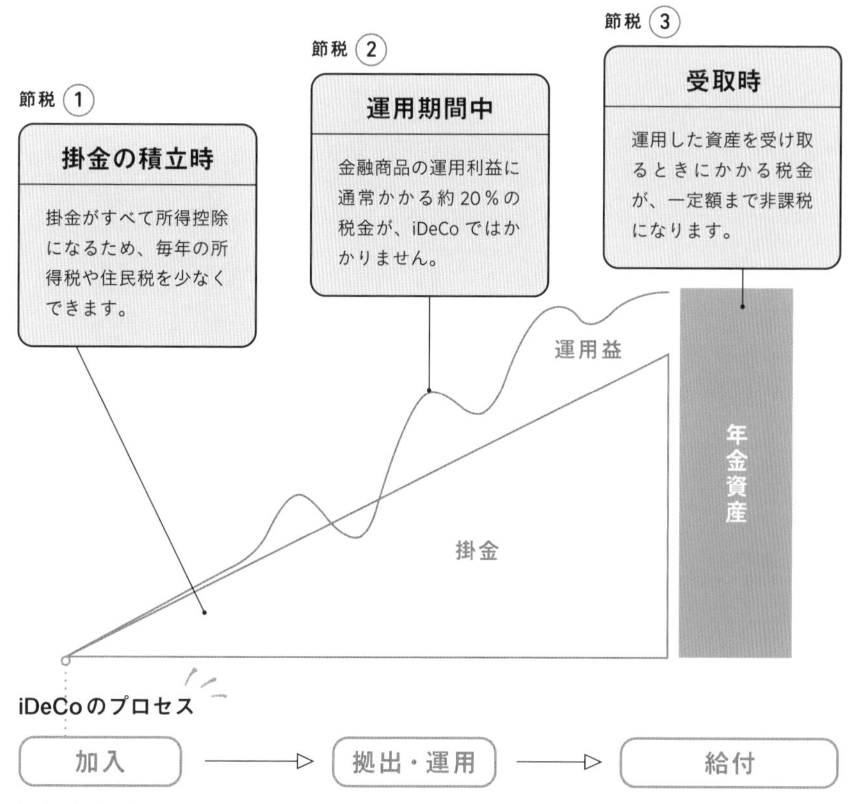

節税 1
掛金の積立時
掛金がすべて所得控除になるため、毎年の所得税や住民税を少なくできます。
節税 2
運用期間中
金融商品の運用利益に通常かかる約20％の税金が、iDeCoではかかりません。
節税 3
受取時
運用した資産を受け取るときにかかる税金が、一定額まで非課税になります。
運用益
掛金
年金資産

iDeCoのプロセス

加入 → **拠出・運用** → **給付**

加入：個人で任意に加入。

拠出・運用：自分で金融商品を選び、毎月一定額を積立して運用する。

給付：原則60歳以降に、年金資産を年金または一時金として受け取る。

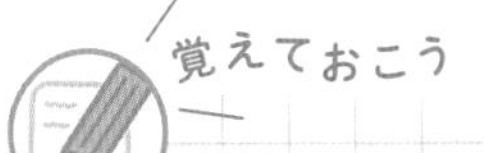

「iDeCo」という名称の由来は？

iDeCoという名称は、2016年に一般公募され、4351件の応募のなかから決定されたそう。個人型確定拠出年金を表す“individual-type Defined Contribution pension plan”という英語の一部をつなぎ合わせ、かつ冒頭の“i”には「私」という意味が込められているのだとか。

80

iDeCoの基本

運営のしくみを知っておく

Message

iDeCo口座が作れるのは1人につき1口座だけ。金融機関選びは大切だよ。

第2章でも説明したように、iDeCoとは、私的年金、つまり「じぶん年金」を作るための制度のひとつです。会社員や公務員の人は年金の3階部分、フリーランスや個人事業主の人は2階部分を作る制度として国が強く後押しししています。

では、実際のところ、iDeCoはどのようなしくみで運営されているのでしょうか。まず、本体といえるのが、実施者である国民年金基金連合会。加入資格の確認や掛金の収納、拠出限度額の管理、給付金の支払いなどを一括して行っています。ここから業務の委託を受けて私たちの窓口となってくれるのが、運営管理機関である各金融機関です。

私たちがiDeCoを始める際には、運営管理機関である各金融機関に専用口座を開設します。その後の運用商品の設定や変更、残高の照会、将来的な給付の申請なども常に運営管理機関を通じて行うことになります。

窓口となるのは金融機関

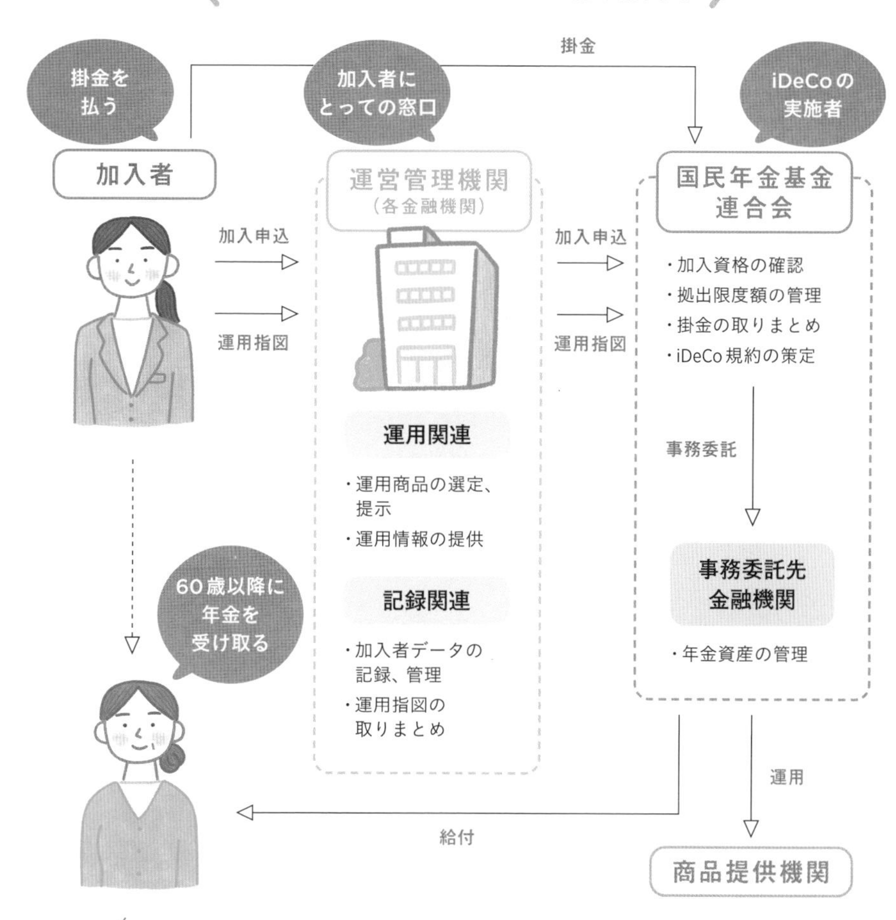

覚えておこう

国民年金基金連合会ってそもそも何？

iDeCoの実施者である国民年金基金連合会は、名称に「国民年金基金」とあるように、元々は1991年に国民年金法に基づいて設立された、国民年金基金を取りまとめる連合組織です。その後、iDeCoのスタートに伴い、その実施者として運営を司っています。

81

iDeCoの基本

60歳までお金は引き出せない

＼ Message ／

途中で引き出せないからこそ、確実に老後資金が貯められるともいえるよ。

①掛金の積立時、②運用期間中、③受取時それぞれに税金の優遇を受けることができるのが魅力のiDeCoですが、1点、大きな注意点があります。それが「60歳まで引き出すことができない」ということ。

もしも60歳になる前にまとまったお金が必要になっても、iDeCoで積立をしたお金は原則、引き出すことができません。したがって節税効果が高いからといって無理は禁物。途中のライフイベントにかかるお金を把握したうえで掛金の設定をする必要があります。

数回の制度改正を経た現在のiDeCoには、60歳未満で国民年金を納めているほぼすべての人が加入できます。とはいえ、年金の加入状況によって左図のように掛金の限度額が決められています。こうした限度額も踏まえたうえで、自分にとって最適な掛金を決定しましょう。確実に老後の生活費として取り置きしたい金額を見極め、上手に活用したいですね。

掛金の限度額は？

下図の通り、加入している国民年金や、企業年金の有無・種類などによって、掛金の上限（拠出限度額）は月1.2万〜6.8万円と幅があります。

自営業者、フリーランス、学生

第1号被保険者・任意加入被保険者

→ **月額6.8万円**（年額81.6万円）

ただし、国民年金基金の掛金や付加年金の保険料（P107）と合わせての上限。

会社員 第2号被保険者

企業年金がない → **月額2.3万円**（年額27.6万円）

ただし、企業型DCの掛金と合算して月5.5万円まで。

企業年金として、企業型確定拠出年金（企業型DC）だけに加入 → **月額2万円**（年額24万円）

企業年金として、企業型DC以外に加入（企業型DC＋それ以外に加入の場合を含む） → **月額1.2万円**※（年額14.4万円）

ただし、企業年金の掛金と合算して月2.75万円まで。

公務員

第2号被保険者

→ **月額1.2万円**※（年額14.4万円）

専業主婦（主夫）

第3号被保険者

→ **月額2.3万円**（年額27.6万円）

※2024年12月以降は2万円に変更予定。ただし企業型DC以外に加入の会社員の場合、企業年金の掛金と合算して月5.5万円まで。

82

iDeCoの基本

掛金は月5000円から設定できる

＼ Message ／

掛金が多いほど積立時の節税効果も大。でも元々課税がない人は効果ゼロだよ。

iDeCoの最低拠出額は、どんな場合も月5000円です。また、金額は限度額以下であれば1000円単位で自由に設定でき、途中で変更や休止をすることも可能です。

掛金の多寡によって変わるのが節税効果です。iDeCoの掛金は全額が所得控除の対象です。所得控除が増えれば税率を掛けるもととなる「課税所得」の金額が少なくなるため、税額が減り、節税になるというわけです。ただし、所得税は課税所得によって税率が異なるので、掛金が同額でも実際にいくら節税になるのかは一律ではありません。また、年収が同じでも、家族構成などによってiDeCoの掛金以外の各種控除の金額は大きく異なります。ひとつの目安として年収400万円、課税所得が205万円だとすると税率は10%。この場合、掛金が月2万円、年間24万円なら、その10%として2万4000円の所得税の節税になります。

税金が安くなるしくみ

iDeCoに未加入の場合と加入した場合で税金の計算がどう変わるのか、ざっくりした図で見比べてみましょう。

iDeCo未加入の場合

給与所得控除(自営業者なら必要経費)や扶養控除などがあり、一定の金額を収入から差し引くことができる。

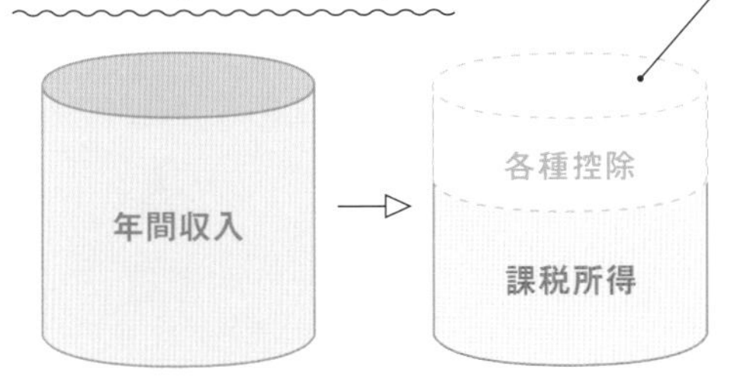

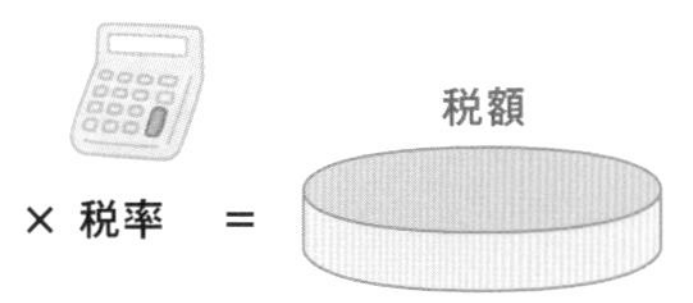

iDeCo加入の場合

上記の各種の控除に加えて、iDeCo掛金の全額を収入から差し引くことができる。

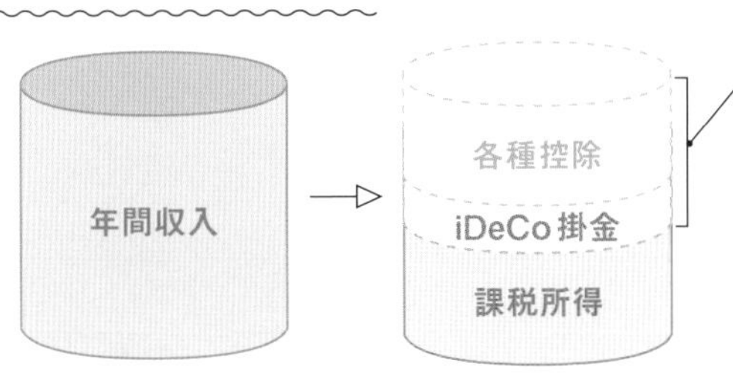

課税所得が減った分、税金も安くなる！

税額

× 税率 =

＊税額控除については説明を割愛しています。

iDeCoによる節税額の目安

同じ掛金でも税率が高いほど節税効果は大きい

課税所得	所得税率	住民税率	iDeCoによる節税額（所得税・住民税の合計）の目安			
			月額掛金5000円（年6万円）の場合	月額掛金1万円（年12万円）の場合	月額掛金2万円（年24万円）の場合	月額掛金6.8万円（年81.6万円）の場合
195万円	5%	10%	9000円	1.8万円	3.6万円	12.24万円
195万超～330万円	10%		1.2万円	2.4万円	4.8万円	16.32万円
330万超～695万円	20%		1.8万円	3.6万円	7.2万円	24.48万円
695万超～900万円	23%		1.98万円	3.96万円	7.92万円	26.928万円
900万超～1800万円	33%		2.58万円	5.16万円	10.32万円	35.088万円
1800万超～4000万円	40%		3万円	6万円	12万円	40.8万円
4000万円超	45%		3.3万円	6.6万円	13.2万円	44.88万円

＊特別復興所得税、住民税の均等割は考慮していません。諸条件により、実際の額と異なる場合があります。

83

iDeCoの基本

加入中、手数料がずっとかかる

Message

金融機関によって、年間で約5000円も手数料に差があるよ。

iDeCoでは、加入時と毎月、それぞれ手数料がかかります。

加入時にかかる手数料としては、国民年金基金連合会に支払う事務手数料と運営管理機関（各金融機関）に支払う加入手数料があります。事務手数料は税込2829円と決まっており、初回の掛金から差し引かれます。加入手数料は運営管理機関によって異なりますが、多くの場合は無料です。

しっかり比較したいのは、毎月かかる手数料。こちらは国民年金基金連合会に支払う事務手数料、事務委託先金融機関に払う資産管理手数料、運営管理機関に支払う運営管理手数料の3種類があります。前の2つはそれぞれ月105円と66円で運営管理機関に関係なく共通です。運営管理手数料は最近では無料のところが増えてきているのでそうしたなかから選ぶのがおすすめ。また、手数料は積立を休止して「運用指図者」となっている間も継続してかかることも覚えておきましょう。

iDeCoにかかる主な手数料

[加入時]

事務手数料 **2829円**（税込）
加入手数料 **0円～**（金融機関ごとに異なる）

※企業型確定拠出年金から移換する場合にも加入時と同様の手数料がかかります。

[運用中]

[掛金の積立中]
事務手数料 月額**105円**（年額1260円）
資産管理手数料 月額**66円**（年額792円）
運営管理手数料 **0円～**（金融機関ごとに異なる）
合計 **月額171円**（年額2052円）～

[掛金の積立を休止中（運用だけ行う）]
資産管理手数料 年額**792円**（月額66円）
運営管理手数料 **0円～**（金融機関ごとに異なる）
合計 **年額792円～**

こうした加入者を「運用指図者（P207）」と呼ぶよ

運用中は、保有している投資信託の手数料（信託報酬）などもずっとかかるんだ

[掛金の払い戻しがあるとき]
還付事務手数料
1回につき**1488円～**
（金融機関ごとに異なる）

[企業型確定拠出年金などに資産を移すとき]
移換時手数料
0～4400円（金融機関ごとに異なる）

[受給時]

給付事務手数料 1回につき**385円**または**440円**（金融機関ごとに異なる）

＊手数料は、積立中は掛金から、運用指図者の間は運用資産から、受給中は給付金から徴収されます。

84

iDeCoの基本

運用したお金はいつ、どう受け取る?

＼ Message ／

iDeCoの受け取り方には「一時金」「年金」「一時金＋年金」の3つがあるよ。

60歳になるとそれまでの運用成果をもとに給付金を受け取れるようになります。２０２３年現在、給付金の受け取りは75歳まで。受け取り方には「一時金」「年金」、2つを組み合わせた「一時金＋年金」があります。

受け取るときは税金がかかりますが、所得控除を活用すれば税金を軽減したりゼロにしたりできます。注意が必要なのは、適用される控除が一時金では退職所得控除、年金では公的年金等控除とそれぞれ異なる点です。

どちらがよいかは資金の用途やいつ仕事をリタイアするか、公的年金の受給を開始するかといった状況で判断するのがよいでしょう。たとえば、住宅ローンの残債を一括返済したいなら一時金がよいかもしれませんし、リタイア後に公的年金を受給するまでのつなぎにしたいなら年金として受け取ったほうがよいかもしれません。これらを組み合わせて一部を一時金として受け取り、残りは年金で受け取る「併給」という選択肢もあります。

控除で税金を安くできる

iDeCoで運用したお金（年金資産） － ＼一時金の場合／ 退職所得控除 OR 公的年金等控除 ／年金の場合＼ ＝ 課税所得

ここが減るほど税金が安くなる

受け取った年金資産よりも控除額が大きければ、年金資産そのものについての課税はゼロ。ただし、iDeCo以外の退職金や公的年金等の受給がある場合は、それも含めた計算が必要です。

3つの受け取り方

一時金

一括で受け取る

→ **退職所得控除**を適用

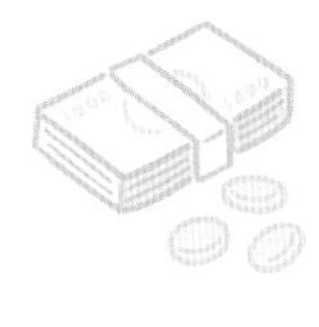

勤続年数（iDeCo加入期間）	退職所得控除額
20年以下	40万円×勤続年数（iDeCo加入年数）
20年超	800万円＋［70万円×（勤続年数－20年）］

iDeCoの加入期間は、掛金を支払っていた期間。長いほど退職所得控除額が増加します。一定の期間内にほかの退職金ももらう場合、退職所得控除の枠は共有します。

年金

分割して受け取る

→ **公的年金等控除**を適用

65歳未満	最低控除額は60万円
65歳以上	最低控除額は110万円

iDeCo、公的年金や企業年金など1年間に年金として受け取ったすべてを合算して計算。その金額や、年金以外の所得によって控除額は異なります。

一時金＋年金

一部をまとめて受け取り、残りを分割で受け取る

→ **一括分は退職所得控除、分割分は公的年金等控除**を適用

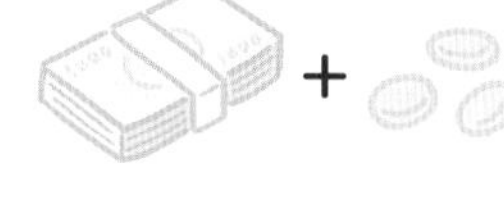

iDeCoや税金の制度は改正の可能性大。しっかり情報収集を！

85

iDeCoを始めよう

フローチャートで流れをつかむ

加入資格や限度額を確認しよう

iDeCo の公式サイト（https://www.ideco-koushiki.jp/start/）にある「カンタン加入診断」では、簡単な質問に答えるだけで加入資格の有無や掛金の限度額がわかります。

口座開設

1 口座を開設したい金融機関から必要書類を取り寄せる

iDeCoの口座を開設する金融機関を選び、金融機関のウェブサイトから請求。

金融機関の選び方

▶ P132～137

2 必要事項を記入し、必要書類一式を金融機関に提出

▼ P208

3 自分に合った運用商品を選び、配分を設定する

▼ P210

同時に銀行口座からの掛金の引き落としも始まる

〈 主な必要書類 〉

- □ 個人型年金加入申出書
- □ 預金口座振替依頼書
- □ 本人確認書類

（会社員の場合）

- □ 事業所登録申請書 兼 第２号加入者に係る事業主の証明書 など

通算の加入期間	受給開始可能年齢
10年以上	60歳
8年以上10年未満	61歳
6年以上8年未満	62歳
4年以上6年未満	63歳
2年以上4年未満	64歳
1ヵ月以上2年未満	65歳
60歳以上で新規加入	5年経過後

60歳でも受給できない場合がある

iDeCoの加入期間が10年以上あれば、60歳から受給できます。10年に満たない場合は、左のように受給開始可能年齢が繰り下げられるので注意しましょう。

運用中

④ 年に1回、節税の手続きを忘れずに行う

▼P212

⑤ 運用状況をチェック（↓p177）し、必要に応じて掛金額や運用商品、配分等を変更する

受給

⑥ 受給可能になると、受け取り手続きに関する書類が届く。受け取り方法を決めて請求する

原則60歳から75歳までの好きなタイミングで受給の請求ができます。請求しないで75歳になると、自動的に一時金として受け取ることになります。

掛金の払い込みを休止することもできる

休止中は、非課税で運用を続ける「運用指図者」となります。商品の入れ替え（スイッチング）も可能。ただし、手数料はかかり続けますし、掛金の支払いがないため所得控除による節税効果は得られません。

必要な書類は人それぞれ

「個人型年金加入申出書」はすべての人が提出します。一方、会社員や公務員の人が新規に加入する場合は、勤務先に記入してもらう「事業主の証明書」も必要です。

「個人型年金加入申出書」の記入ポイント

＊会社員の場合の記入例

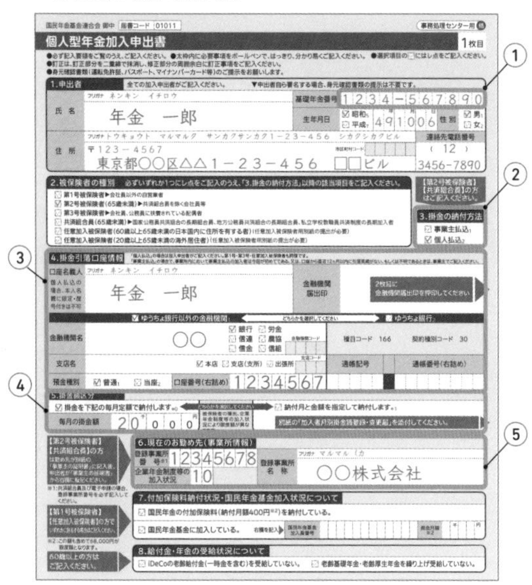
国民年金基金連合会 御中 ｜帳票コード 01011｜ 事務処理センター用

個人型年金加入申出書 1枚目

●必ず記入要領をご覧のうえ、ご記入ください。●太枠内に必要事項をボールペンで、はっきり、分かり易くご記入ください。●選択項目の□にはレ点をご記入ください。
●訂正は、訂正部分を二重線で抹消し、修正部分の周囲余白に訂正事項をご記入ください。
●身元確認書類（運転免許証、パスポート、マイナンバーカード等）のご提示をお願いします。

1.申出者 全ての加入申出者がご記入ください。 ▼申出者自ら署名する場合、身元確認書類の提示は不要です。

氏名	フリガナ ネンキン イチロウ 年金 一郎	基礎年金番号	1234−567890
		生年月日	☑昭和5 □平成7 49 10 06 ／ 性別 ☑男1 □女2
住所	フリガナ トウキョウト マルマルク サンカクサンカク1−23−456 シカクシカクビル 〒123−4567 東京都〇〇区△△1−23−456 □□ビル 市区町村コード	連絡先電話番号	（12）3456-7890

2.被保険者の種別 必ずいずれか1つにレ点をご記入のうえ、「3.掛金の納付方法」以降の該当項目をご記入ください。

□ 第1号被保険者▶会社員以外の自営業者
☑ 第2号被保険者（65歳未満）▶共済組合員を除く会社員等
□ 第3号被保険者▶会社員、公務員に扶養されている配偶者
□ 共済組合員（65歳未満）▶国家公務員共済組合の長期組合員、地方公務員共済組合の長期組合員、私立学校教職員共済制度の長期加入者
□ 任意加入被保険者（60歳以上65歳未満の日本国内に住所を有する者）（任意加入被保険者用別紙の提出が必要）
□ 任意加入被保険者（20歳以上65歳未満の海外居住者）（任意加入被保険者用別紙の提出が必要）

【第2号被保険者】【共済組合員】の方はご記入ください。

3.掛金の納付方法
□ 事業主払込1
☑ 個人払込2

4.掛金引落口座情報

口座名義人 個人払込の場合、本人名義に限定・屋号付きは不可	フリガナ ネンキン イチロウ 年金 一郎	金融機関届出印	2枚目に金融機関届出印を押印してください

☑ ゆうちょ銀行以外の金融機関1 ⇔ どちらかを選択してください ⇔ □ ゆうちょ銀行2

金融機関名	〇〇 ☑銀行 □労金 □信連 □農協 □信金 □信組 金融機関コード	種目コード 166	契約種別コード 30
支店名	☑本店 □支店（支所） □出張所 支店コード	通帳記号	通帳番号（右詰め）
預金種別	☑普通1 □当座2 口座番号（右詰め） 1234567		

5.掛金額区分

☑ 掛金を下記の毎月定額で納付します。0 ⇔ □ 納付月と金額を指定して納付します。1

毎月の掛金額 20千000円 ／ 別紙の「加入者月別掛金額登録・変更届」を添付してください。

【第2号被保険者】【共済組合員】の方

6.現在のお勤め先（事業所情報）

登録事業所番号※1	12345678	登録事業所名称	フリガナ マルマル（カ 〇〇株式会社
企業年金制度等の加入状況	10		

※1：共済組合員及び電子申請の場合、登録事業所番号を必ず記入してください。

【第1号被保険者】【任意加入被保険者】の方

7.付加保険料納付状況・国民年金基金加入状況について

□ 国民年金の付加保険料（納付月額400円※2）を納付している。
□ 国民年金基金に加入している。 右欄を記入▶ 国民年金基金加入員番号 ／ 掛金月額※2 千 円

※2：この額も含めて68,000円が限度額となります。

60歳以上の方はご記入ください。

8.給付金・年金の受給状況について

□ iDeCoの老齢給付金（一時金を含む）を受給していない。 □ 老齢基礎年金・老齢厚生年金を繰り上げ受給していない。

①	基礎年金番号	年金手帳やねんきん定期便で確認。
②	掛金の納付方法	銀行口座振替（個人払込）か、給与天引き（事業主払込）かを選ぶ。
③	掛金引落口座情報	口座振替なら自分で、給与天引きなら会社に記入してもらう。
④	掛金額区分	上限（→ P199）に注意して掛金額を記入。月ごとに金額指定する「年単位拠出」も可能。
⑤	事業所情報	勤務先が記入する「事業主の証明書」（左ページ）から転記する。

用語 「年単位拠出」では、毎月定額の掛金ではなく、月ごとに金額を指定できます。加入申出書と別に「加入者月別掛金額登録·変更届」を提出します。

「事業主の証明書（事業所登録申請書 兼 第２号加入者に係る事業主の証明書）」の記入ポイント

国民年金の被保険者区分によって必要書類が違うよ

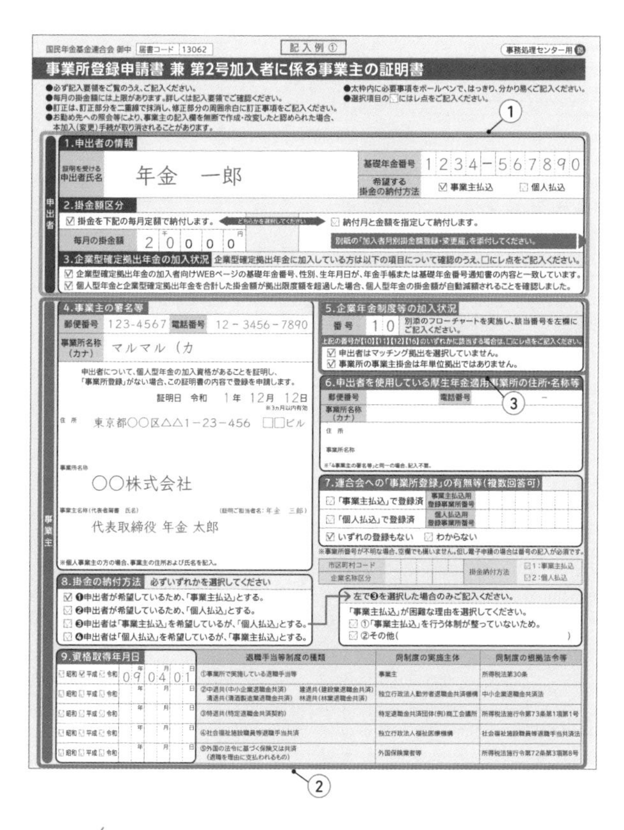

国民年金基金連合会 御中　届書コード 13062　記入例①　事務処理センター用

事業所登録申請書 兼 第2号加入者に係る事業主の証明書

●必ず記入要領をご覧のうえ、ご記入ください。
●毎月の掛金額には上限があります。詳しくは記入要領でご確認ください。
●訂正は、訂正部分を二重線で抹消し、修正部分の周囲余白に訂正事項をご記入ください。
●お勤め先への照会等により、事業主の記入欄を無断で作成・改変したと認められた場合、本加入（変更）手続が取り消されることがあります。
●太枠内に必要事項をボールペンで、はっきり、分かり易くご記入ください。
●選択項目の□にはレ点をご記入ください。

①

申出者

1.申出者の情報
証明を受ける申出者氏名　年金　一郎
基礎年金番号　1234－567890
希望する掛金の納付方法　☑ 事業主払込　☐ 個人払込

2.掛金額区分
☑ 掛金を下記の毎月定額で納付します。 ⟷ ☐ 納付月と金額を指定して納付します。
毎月の掛金額　2千0000円
別紙の「加入者月別掛金額登録・変更届」を添付してください。

3.企業型確定拠出年金の加入状況　企業型確定拠出年金に加入している方は以下の項目について確認のうえ、□にレ点をご記入ください。
☑ 企業型確定拠出年金の加入者向けWEBページの基礎年金番号、性別、生年月日が、年金手帳または基礎年金番号通知書の内容と一致しています。
☑ 個人型年金と企業型確定拠出年金を合計した掛金額が拠出限度額を超過した場合、個人型年金の掛金額が自動減額されることを確認しました。

事業主

4.事業主の署名等
郵便番号　123-4567　電話番号　12－3456－7890
事業所名称（カナ）　マルマル（カ
申出者について、個人型年金の加入資格があることを証明し、
「事業所登録」がない場合、この証明書の内容で登録を申請します。
証明日　令和　1年　12月　12日
※3ヵ月以内有効
住所　東京都○○区△△1－23－456　□□ビル
事業所名称　○○株式会社
事業主名称（代表者職審　氏名）　（証明ご担当者名：年金　三郎）
代表取締役 年金 太郎
※個人事業主の方の場合、事業主の住所および氏名を記入。

5.企業年金制度等の加入状況
番号　10　別添のフローチャートを実施し、該当番号を左欄にご記入ください。
上記の番号が【10】【11】【12】【16】のいずれかに該当する場合は、□にレ点をご記入ください。
☑ 申出者はマッチング拠出を選択していません。
☑ 事業所の事業主掛金は年単位拠出ではありません。

③

6.申出者を使用している厚生年金適用事業所の住所・名称等
郵便番号　電話番号　－
事業所名称（カナ）
住所
事業所名称
※「4事業主の署名等」と同一の場合、記入不要。

7.連合会への「事業所登録」の有無等（複数回答可）
☐「事業主払込」で登録済　事業主払込用登録事業所番号
☐「個人払込」で登録済　個人払込用登録事業所番号
☑ いずれの登録もない　☐ わからない
※事業所番号が不明な場合、空欄でも構いません。但し電子申請の場合は番号の記入が必須です。

市区町村コード　企業名称区分　掛金納付方法　☐1：事業主払込　☐2：個人払込

8.掛金の納付方法　必ずいずれかを選択してください
☑ ❶申出者が希望しているため、「事業主払込」とする。
☐ ❷申出者が希望しているため、「個人払込」とする。
☐ ❸申出者は「事業主払込」を希望しているが、「個人払込」とする。
☐ ❹申出者は「個人払込」を希望しているが、「事業主払込」とする。

左で❸を選択した場合のみご記入ください。
「事業主払込」が困難な理由を選択してください。
☐ ①「事業主払込」を行う体制が整っていないため。
☐ ②その他（　　　）

9.資格取得年月日	年月日	退職手当等制度の種類	同制度の実施主体	同制度の根拠法令等
☐昭和 ☑平成 ☐令和	09年04月01日	①事業所で実施している退職手当等	事業主	所得税法第30条
☐昭和 ☐平成 ☐令和	年　月　日	②中退共（中小企業退職金共済）　建退共（建設業退職金共済）　清退共（清酒製造業退職金共済）　林退共（林業退職金共済）	独立行政法人勤労者退職金共済機構	中小企業退職金共済法
☐昭和 ☐平成 ☐令和	年　月　日	③特退共（特定退職金共済契約）	特定退職金共済団体（例）商工会議所	所得税法施行令第73条第1項第1号
☐昭和 ☐平成 ☐令和	年　月　日	④社会福祉施設職員等退職手当共済	独立行政法人福祉医療機構	社会福祉施設職員等退職手当共済法
☐昭和 ☐平成 ☐令和	年　月　日	⑤外国の法令に基づく保険又は共済（退職を理由に支払われるもの）	外国保険業者等	所得税法施行令第72条第3項第8号

②

① 申出者 欄

加入申出書と同様に、自分で記入する。

② 事業主 欄

勤務先の担当者に記入してもらう。

③ 企業年金制度等の加入状況

別添のフローチャートで申出者の企業年金等への加入状況を確認し、該当番号を記入。この番号を加入申出書（右ページ）の⑤に転記する。

給与天引きができるかどうかは事業所次第

iDeCoでは、銀行口座からの引き落としで毎月の掛金を支払うのが原則です。ただし、勤め先が「事業主払込」に対応していれば、給与からの天引きで支払える場合もあります。

これらは、加入申し込みの際に「掛金の納付方法」を選択することで指定できます。

GOAL

87

iDeCoを始めよう

自分に合った運用商品を選ぶ

Message

口座が開設できたら商品を選ぼう。iDeCoには投資信託以外の商品もあるよ。

iDeCoの商品の種類は大きく「元本確保型」の定期預金や保険商品と「元本変動型」の投資信託に分けられます。第3章でリスクとリターンの話をしましたが、元本確保型の場合、元本割れがない代わりに大きく増える期待は持てません。通常、定期預金は流動性（127ページ）が高いですが、60歳まで引き出せないiDeCoの場合は流動性も限りなく低くなります。節税効果があるという点では元本確保型の商品で運用することにも意味がないわけではありませんが、せっかくiDeCoをするのであればおすすめはやはり元本変動型の投資信託です。長期で運用すればするほど複利効果で利益も大きくなっていきますが、iDeCoでは掛金が全額、所得控除になるだけでなく、利益に対しても非課税になります。

iDeCoでも商品選びの考え方は同じ。掛金を決めたら、それをどの資産にどんな割合で配分するかを考え、商品を選んでいきましょう。

iDeCoの商品は大きく2タイプ

元本確保型

○どちらも掛金が全額所得控除になる（節税になる）

元本変動型

［商品分類］

定期預金　保険商品

安全性 ＞ 収益性

安全性は高いがほとんど増えない

資産

○ 原則、元本割れしない

△ 資産が増えにくい。利息より手数料のほうが高い場合も

［商品分類］

投資信託

収益性 ＞ 安全性

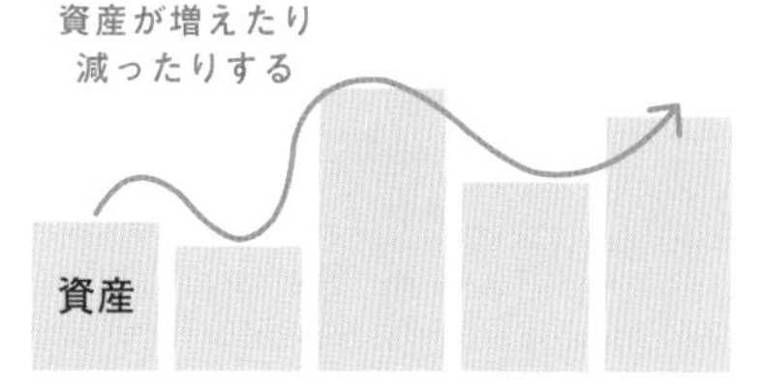

○ リスクがある分、リターンにも期待できる

△ 資産が減ったり、元本割れしたりする可能性もある

それぞれのリスクとリターン

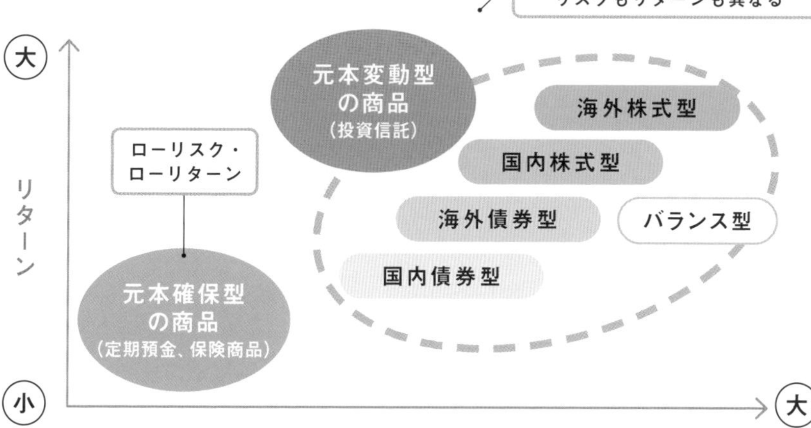

88

iDeCoを始めよう

節税の手続きを忘れずに行う

Message

iDeCoの節税メリットを受けるには手続きが欠かせない。毎年忘れないでね。

掛金が全額、所得控除になるiDeCoですが、実際に節税効果を得るためには自分で手続きをすることがマストです。

会社員や公務員の人は、勤め先での年末調整の際に「小規模企業共済等掛金控除」をしてもらうようにします。年末が近づくと、国民年金基金連合会から「小規模企業共済等掛金払込証明書」が郵送されてきますので、年末調整の際に「給与所得者の保険料控除申告書」に年間の掛金の払込総額を記入するとともに証明書を添付して提出します。掛金を給与から天引きしている場合（事業主払込）は証明書の郵送はありません。勤務先で対応してくれます。

自営業やフリーランスの人は、確定申告で小規模企業共済等掛金控除の申告を行いましょう。こちらも確定申告書の該当欄に年間の掛金の払込総額を記入し、小規模企業共済等掛金払込証明書を添付して提出します。

年末調整での手続き

会社員・公務員

第2号被保険者

STEP ①

証明書の受け取り

毎年10月頃、「小規模企業共済等掛金払込証明書」が届いたら、大切に保管しておく。

＊iDeCoへの加入が年末近くだった場合、証明書の到着が年末調整に間に合わないことも。そんなときは確定申告で手続きします。

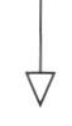

STEP ②

書類の記入

年末調整の際、「給与所得者の保険料控除申告書」に必要事項を記入する。

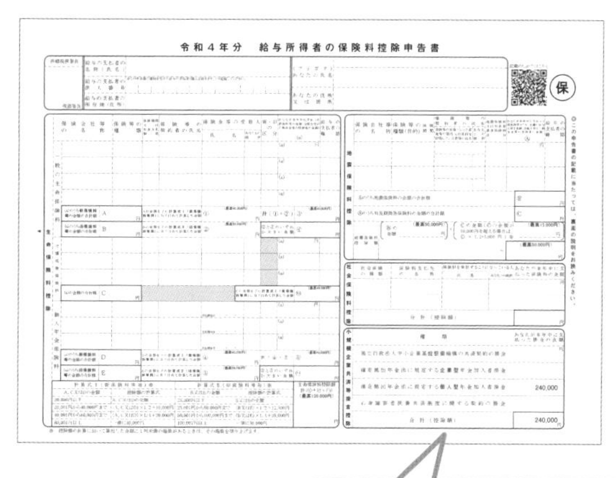

令和4年分　給与所得者の保険料控除申告書

「確定拠出年金法に規定する個人型年金加入者掛金」の欄にiDeCoの掛金額（証明書の合計金額）を記入する。

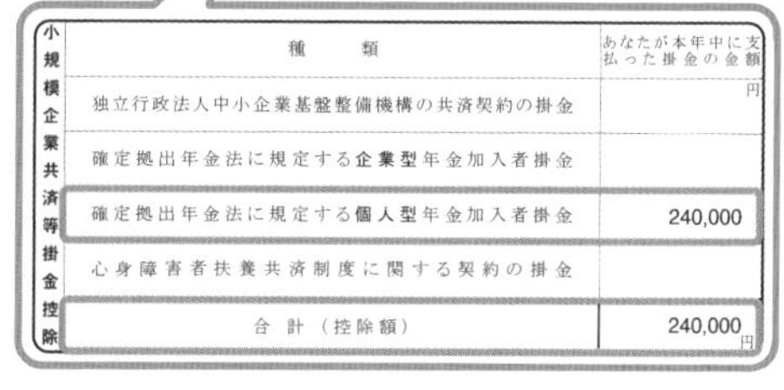

小規模企業共済等掛金控除	種　類	あなたが本年中に支払った掛金の金額
	独立行政法人中小企業基盤整備機構の共済契約の掛金	円
	確定拠出年金法に規定する企業型年金加入者掛金	
	確定拠出年金法に規定する個人型年金加入者掛金	240,000
	心身障害者扶養共済制度に関する契約の掛金	
	合　計（控除額）	240,000 円

STEP ③

書類の提出

STEP ①と STEP ②の書類を勤務先に提出する。

※掛金が給与から天引きされている場合は、手続き不要です。

所得税の節税分が年末調整の給与で還付され、住民税の節税分は翌年度分の住民税が安くなる。

確定申告での手続き

STEP ①

証明書の受け取り

毎年10月頃、「小規模企業共済等掛金払込証明書」が届いたら、大切に保管しておく。

自営業者・フリーランス

第1号被保険者・任意加入被保険者

専業主婦（主夫）

第3号被保険者

パートなどで課税所得がある場合。

年末調整でiDeCoの所得控除を行えなかった会社員・公務員（第2号被保険者）も確定申告が必要。

STEP ②

書類の記入

確定申告の際、「確定申告書」に必要事項を記入する。

「確定申告書・第一表」

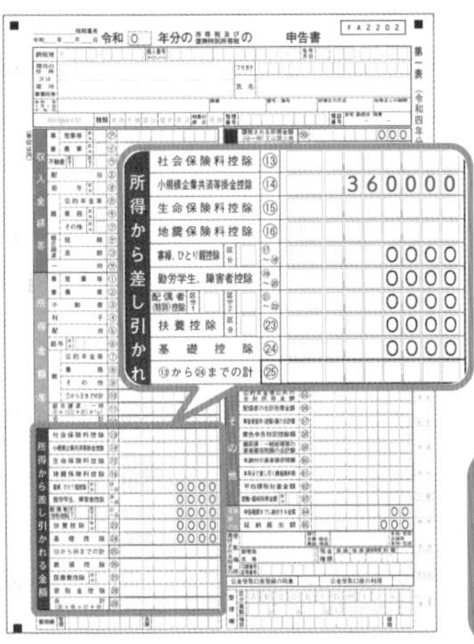

所得から差し引かれ

項目	番号	金額
社会保険料控除	⑬	
小規模企業共済等掛金控除	⑭	360000
生命保険料控除	⑮	
地震保険料控除	⑯	
寡婦、ひとり親控除	⑰～⑱	0000
勤労学生、障害者控除	⑲～⑳	0000
配偶者（特別）控除	㉑～㉒	0000
扶養控除	㉓	0000
基礎控除	㉔	0000
⑬から㉔までの計	㉕	

「所得から差し引かれる金額」の「小規模企業共済等掛金控除」の欄にiDeCoの掛金額（証明書の合計金額）を記入する。

「確定申告書・第二表」

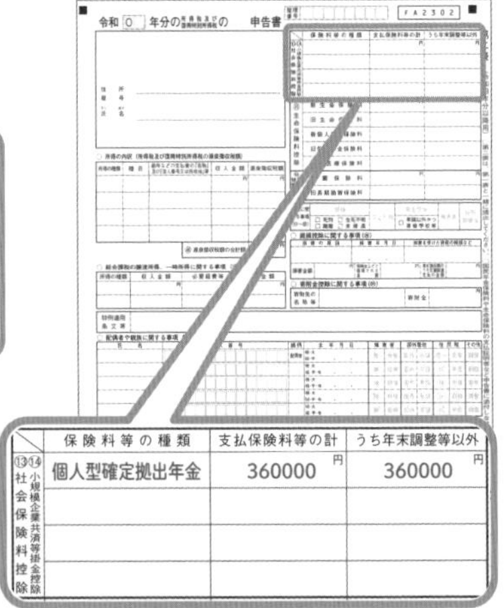

⑬⑭ 社会保険料控除 小規模企業共済等掛金控除

保険料等の種類	支払保険料等の計	うち年末調整等以外
個人型確定拠出年金	360000円	360000円

「小規模企業共済等掛金控除」の「保険料等の種類」の欄に「個人型確定拠出年金」と記載し、「支払保険料の計」の欄にiDeCoの掛金額（証明書の合計金額）を記入。

STEP ③

書類の提出

確定申告で、STEP ①と STEP ②の書類を添えて税務署に提出する（e-Tax の場合、通常はデータ送信だけで完了）。

所得税の節税分は還付、もしくは納付すべき税額から差し引かれ、住民税の節税分は翌年度分の住民税が安くなる。

e-Tax で確定申告する場合

指示に従って「小規模企業共済等掛金控除」の項目をクリックし、iDeCo の掛金額（証明書の合計金額）を入力すれば OK。

覚えておこう

唯一、お金を引き出せるとき……

iDeCo のお金は、原則、60 歳まで引き出すことはできませんが、加入者が亡くなったり、一定の障害を負ったりした場合は、60 歳を待たずに引き出すことができます。

もしものときに家族がきちんと手続きできるよう、iDeCo に加入していることを伝えておきましょう。資産を一覧表にし、iDeCo 関連の資料をまとめておくことも大切です。

○ **加入者が亡くなった**

⇒ 加入者の遺族が「死亡一時金」を請求できる

請求期限

死亡時から５年以内

受け取ることのできる遺族

一、配偶者

二、生計を維持されていた子、父母、孫、祖父母、兄弟姉妹

三、その他の親族

○ **加入者が高度障害になった**

⇒「障害給付金」を請求できる

請求期限

初診日から１年６ヵ月を経過した日～ 75歳の誕生日２日前

受け取り方

原則、年金として支給されるが、

一時金や併給での受け取りができる場合もある

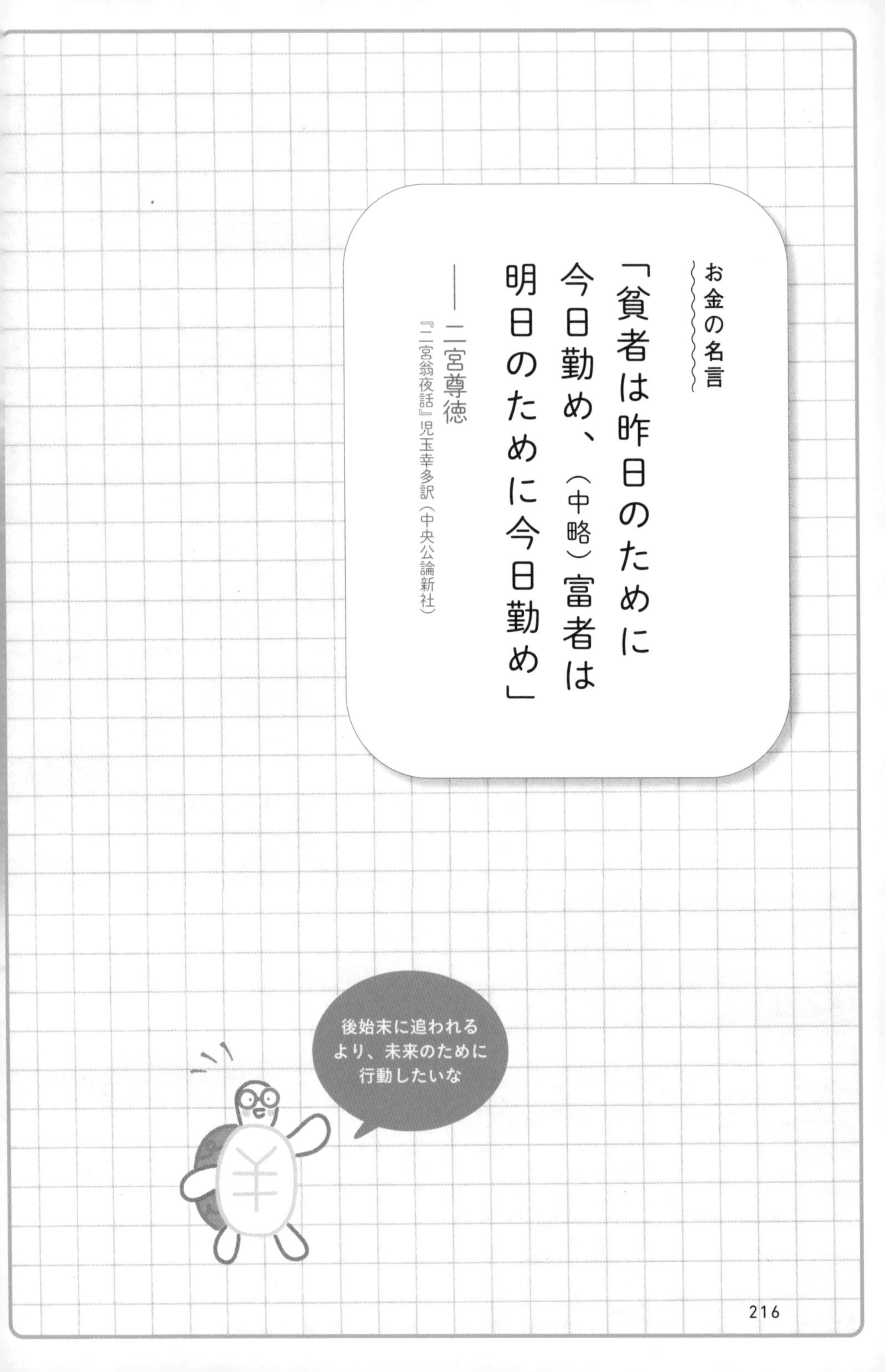

お金の名言

「貧者は昨日のために今日勤め、（中略）富者は明日のために今日勤め」

——二宮尊徳

『二宮翁夜話』児玉幸多訳（中央公論新社）

後始末に追われるより、未来のために行動したいな

第7章

ライフプランに合わせて投資をシミュレーション

投資初心者におすすめしたい「つみたてNISA」と「iDeCo」。2つの優遇制度について、違いや使い分けるコツを見ていきましょう。ケース事例に応じた投資プランの提案や運用シミュレーションを紹介していますので、参考にしてみてください。

89

2つの優遇制度

つみたてNISAとiDeCoはどう違う？

Message

2つの制度を見比べて、それぞれの強みになるよい点や弱点を見極めよう。

つみたてNISA（ニーサ）とiDeCo（イデコ）は、どちらも税金の優遇があり、積立に向いているという意味で長期的にお金を増やしていくのにぴったりな制度。でも比較すると、それぞれに特徴的な面があることも見えてきます。

たとえば、ひとくちに税金の優遇といっても、つみたてNISAは運用時にのみ非課税メリットがあるのに対し、iDeCoでは、積立時や受取時にも所得控除が受けられます。運用商品についても、つみたてNISAは投資信託だけであるのに対し、iDeCoには定期預金や保険も。ただし、たとえ定期預金や保険で運用する場合でも、事務手数料や資産管理手数料といったつみたてNISAにはない手数料がかかり続けます。そして、つみたてNISAはいつでも引き出しができるのに対し、iDeCoは60歳まで原則不可能です。このような「違い」に注目して比較をすると、それぞれの強みと弱点がより明確にわかりますね。

それぞれの強みに注目

つみたてNISA	AND 併用できる	iDeCo
18歳以上	利用できる年齢	原則20歳以上 65歳未満
40万円	年間の 積立の上限額	14万4000円～ 81万6000円 （職業や加入している年金により異なる）
最長20年	運用期間	受給開始時まで （運用だけなら75歳まで保有可能）
いつでもできる	資金の引き出し	原則60歳の受給開始 までできない
投資信託（ETF含む） のみ	運用商品	投資信託、定期預金、 保険商品
商品や金融機関ごとの 手数料がかかる	手数料	商品ごとの手数料 のほかに独自の手数料 がかかる（→P203）
◎ 運用益や売却益が 非課税になる	節税メリット	◎ 掛金を所得控除 できる ◎ 運用益や売却益が 非課税になる ◎ 受取時に控除が 使える

90

2つの優遇制度

NISAとiDeCoを使い分けるコツ

＼ Message ／

ライフプランを考えながら、NISAとiDeCoのいいとこ取りをしよう。

ＮＩＳＡとｉＤｅＣｏは併用できます。それぞれの強みを最大限に活かしながら使い分けていきましょう。ＮＩＳＡはいつでも引き出せるのに対し、ｉＤｅＣｏは原則60歳以降にしか引き出せません。こうしたことから、たとえば数年以内のマイホーム購入の頭金や大学進学の資金であればＮＩＳＡが適していますし、老後の生活資金のために積立をするなら節税効果の高いｉＤｅＣｏが本領を発揮します。

注意したいのは、「より節税効果を得たいから少しでも多くｉＤｅＣｏに回そう」といった具合に、節税効果を中心に判断してしまわないこと。第1章でもお伝えしたように、「想定外」が連続するのが人生。ライフプランも変更があって当然です。節税効果はもちろん、必要なときに必要なお金を準備し、そのお金を使って人生に追い風を吹かせることができてこそ、有効活用できているといえるのです。

ライフイベントごとに考える

各ライフイベントにどちらが向くかを考えてみます。それを踏まえて「先取り貯蓄5万円のうち、2万円はNISA、1万円はiDeCo……」といった具合にバランスを考えて組み合わせるのがおすすめです。

半年程度の生活費を貯蓄してから始めると安心

初めての投資は、ライフプランの変更に対応できるNISAでスタート。余裕ができてきたら無理のない金額でiDeCoも始めます。

マイホーム購入

NISAから一部を引き出して自己資金に充てます。

結婚

近い予定ならば、結婚費用は定期預貯金で用意するのがおすすめ。

出産

将来の教育費のため貯蓄型保険に加入。万が一に備えつつ確実に貯めます。

老後

貯蓄や公的年金との兼ね合いで時期を考えながら、iDeCoを受け取ります。

教育費

貯蓄型保険の給付金と、NISAから引き出したお金を充当。

気をつけよう

NISAでもiDeCoでもない!?

実はNISAもiDeCoも「どちらも向いていない」ライフイベントがあります。それは、1～3年後など近い将来に予定しているもの。

たとえば1年後の海外留学のために、貯蓄をNISAで運用するのはリスクがあるため避けたほうが無難。5年以上の時間的猶予があるライフイベントを目安として、安定的に増やすのが鉄則といえます。

91

リスク対策

リスク許容度別・理想の資産配分は?

\ Message /

理想の資産配分は、その人のリスク許容度(→P130)によっても変わってくるよ。

投資信託で安定して資産を増やすには、4資産に25%ずつ分散する「国際分散投資」が基本ですが、実際のところ、リスク許容度によって資産配分は変わりますし、ライフプランに合わせて投資をシミュレーションするには、定期預金や保険商品などの「元本確保型」と、投資信託をはじめとする「元本変動型」のバランスも一緒に考える必要があります。

大きなリスクが許容できる積極投資タイプなら、全体の85%を元本変動型に、そのなかでも株式に多く配分してOK。バランス運用タイプなら、全体の40%を元本確保型、60%を元本変動型にしたうえで、元本変動型のなかで4資産に均等配分します。その中間のやや積極投資タイプであれば、全体の25%を元本確保型で確保したうえで残りの75%を積極運用します。リスクをなるべく減らして控えめに運用したければ、50%を元本確保型とし、残りについても債券多めで運用するのがよいでしょう。

用語 「国際分散投資」は、株式と債券、国内と海外にそれぞれ分散して投資をすることを指します(→P158)。

リスク許容度4タイプの資産配分

リスク許容度を「積極投資タイプ」から「控えめ運用タイプ」まで4つに分けて、それぞれの資産配分イメージを円グラフにしました。

積極投資タイプ

元本確保型
15%
海外株式
20%
国内債券
10%
国内株式
45%
海外債券
10%
元本変動型
85%

株式を中心とした運用で大きく増やすことを狙います。

やや積極投資タイプ

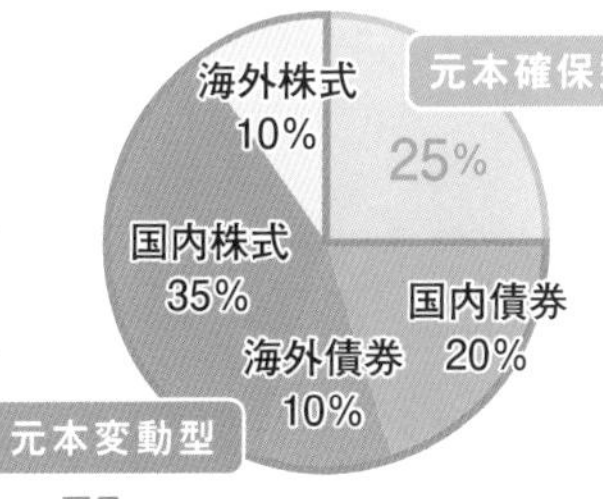

75%

75%の元本変動型のうち半分以上は株式で積極投資します。

バランス運用タイプ

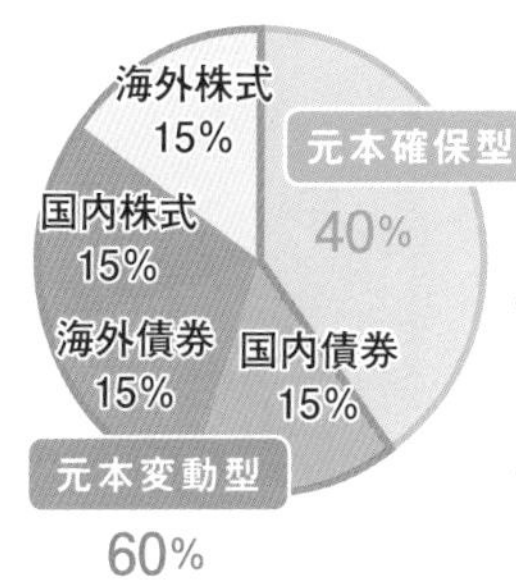

60%

4割を元本確保型にし、残りは王道の「国際分散投資」。

控えめ運用タイプ

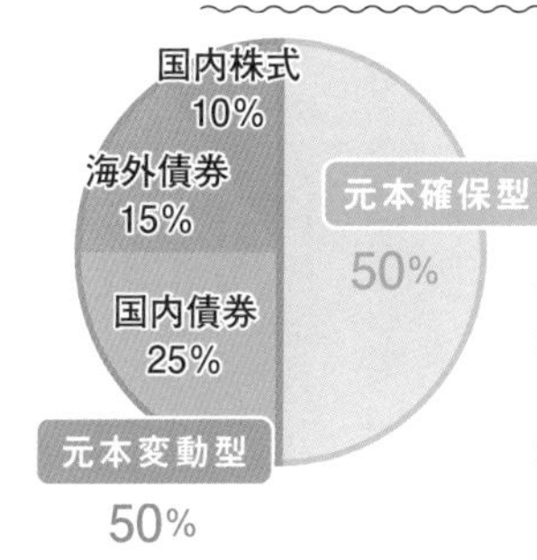

50%

半分を元本確保型に。海外株式は避けて手堅く運用します。

気をつけよう

投資の勉強でリスク許容度をアップ

年代や家族構成、資産状況、性格――リスク許容度が決まる要素はさまざまありますが、意外と多くの人が気づいていない重要な要素が「知識とスキル」です。F1レーサーが出す時速100kmと運転免許を取得しての人が出す時速100kmではリスクが異なるように、リスク許容度は知識とスキルがどれだけあるかでも違ってきます。言い換えれば、投資について勉強することで、リスクを減らすことができるのです。

92

リスク対策

50代になったらリスクを減らす

Message

一般的に、リスク許容度はライフステージによっても自然と変化していくよ。

第3章でもお伝えしたように、リスク許容度は家族構成や資産状況、性格に加え、年代によっても変化します。なぜなら、若い人ほど大きめのリスクをとって一時的に元本が減ってしまっても巻き返すための時間が十分にあるから。結婚したり子どもが生まれたりする前であれば生活への支障も少なくて済むかもしれません。反対に、50代、60代で元本を大きく減らすとそれがそのまま生活に響いてきます。ですから、年代が上がるにつれて「積極的に増やすための資産配分」から、「守りを固めるための資産配分」へと調整してリスクを減らしていくのが一般的な考え方です。

なかには最初からこういった考え方に基づいて運用される投資信託もあります。それが「ターゲット・イヤー・ファンド」と呼ばれるもの。あらかじめ「2040」「2055」といった具合に商品ごとにターゲット・イヤーが設定されており、そこへ向けて資産配分を自動調整してくれます。

今の自分に合った資産配分を

ライフステージが変わり、年代が上がるにつれてリスク許容度は下がるのが一般的。その場合、下のように資産配分を調整していくと、リスクを軽減できます。

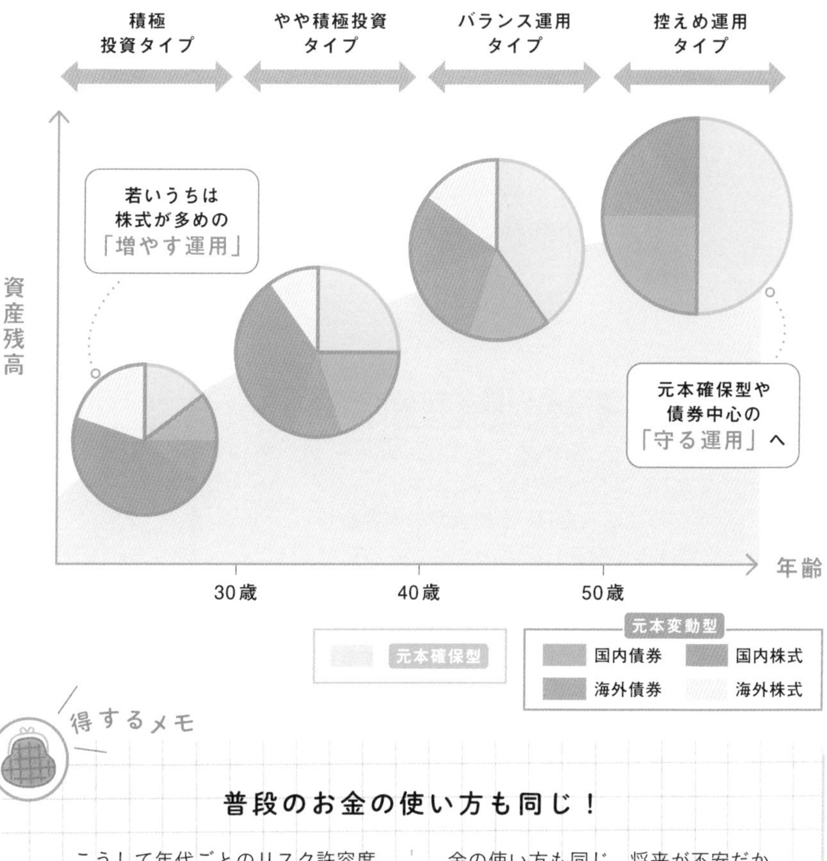

得するメモ

普段のお金の使い方も同じ！

　こうして年代ごとのリスク許容度を見ていくと、若いときは、リスクをとってでも将来の資産を大きくするチャンスだということがよくわかります。

　実はこれ、投資に限らず日常のお金の使い方も同じ。将来が不安だからといって節約と貯蓄ばかり頑張るのではなく、若いときにこそ自己投資をしていろいろなものにお金を使うことが、自分の成長という大きなリターンにつながります。

93

投資プランの運用例①

家計の赤字解消×iDeCo〈節税効果を賢く活用〉

DATA

・シミュレーションAをCHECK! ⇒P48

手取り年収	夫の手取り年収
300万円	340万円
現在の貯蓄額	**現在の年間生活費**
900万円	400万円

公務員（30歳）
夫も公務員（33歳）

目標

住宅ローン返済中の
家計の赤字をなくしたい

iDeCo運用中の節税効果で手取りを増やす

基本的な老後の生活資金は、退職金が夫婦合わせて3800万円見込みと潤沢にあるのであまり心配いりません。気になるのは住宅ローン返済中の家計の赤字。出費の引き締めを意識するのに加え、iDeCoの節税効果（→P194）を活用して手取り金額を増やすのがおすすめです。

さらに年1回の旅行資金として、NISAで株式投資に挑戦するのもいいですね。ANAやJALなど旅行に役立つ株主優待がもらえる銘柄もあります。

〈投資プラン〉

☑ iDeCo　**夫婦で月2万4000円**

（それぞれの限度額は月1万2000円）

運用期間もたっぷりあるので、海外株式を中心に運用する投資信託で積極的な値上がり益を狙いましょう。

おすすめ商品例

iDeCo 三菱UFJ国際ーeMAXIS Slim 先進国株式インデックス

特徴	純資産総額	信託報酬	トータルリターン	
			1年	3年（年率）
日本を除く先進国の株式に投資し、MSCIコクサイ・インデックス（配当込み、円換算ベース）と連動する投資成果をめざしている。	5170億円	0.09889%以内	23.08%	24.56%

（2023年7月25日時点）

〈シミュレーション結果〉 

iDeCo／夫婦で月2万4000円を32年間積立。利回り5%の場合

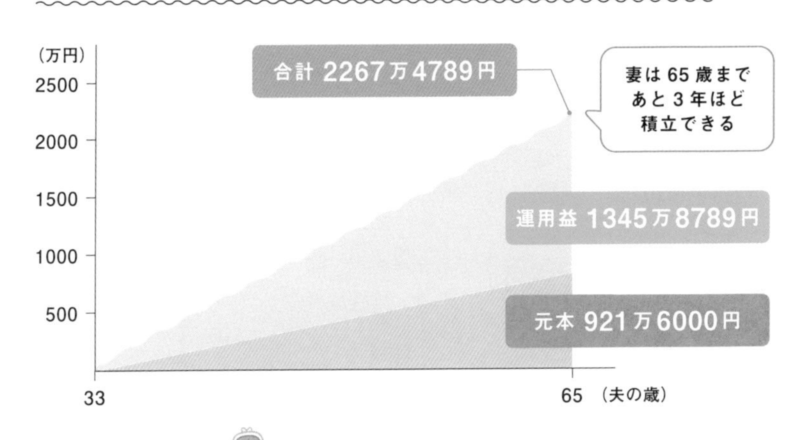

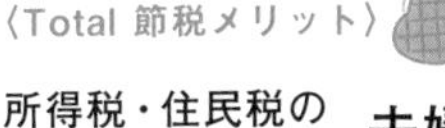

〈Total 節税メリット〉

所得税・住民税の節税額　夫婦で**138万2400円**（年2万1600円×32年×2人）

運用益の非課税（5%の場合）　夫婦で**273万4152円**

「所得税・住民税の節税額」は、「掛金年額×15%（所得税5%＋住民税は一律10%が続くものと仮定）×積立年数」で試算。
「運用益の非課税」は、「運用益×20.315%」と仮定して試算。

94

投資プランの運用例②

独立開業資金×つみたてNISA

〈ライフプランを手堅く実現〉

DATA

・シミュレーションCをCHECK! ⇒P52

夫婦の手取り年収	現在の年間生活費
720万円	450万円
現在の貯蓄額	独立開業資金
500万円	500万円

夫 会社員（42歳）
妻 フリーランス（40歳）

目標

独立開業資金に上乗せするため、
10年以内にあと300万円を貯めたい

安定運用で貯蓄を増やし、ライフプランを実現する

ベーカリーカフェをオープンするための独立開業資金が500万円必要で、現在の貯蓄額も500万円とのことですが、全額を開業資金に充ててしまうと何かあったときの生活費がなくなってしまうので、開業までにあと300万円は貯めたいところ。利益が非課税で、いつでも売却して引き出すことができるつみたてNISA（2024年以降は新NISA）を活用して貯蓄を積極的に増やすのがおすすめです。

〈投資プラン〉

☑ つみたてNISA（→新NISAのつみたて投資枠）
月2万5000円

万が一大きく目減りすると独立開業予定に影響が出てしまうため、積立で時間を分散＆全世界に投資対象を分散する「ダブル分散」で安定運用をめざしましょう。

おすすめ商品例

つみたてNISA　セゾン・グローバル・バランスファンド

特徴	純資産総額	信託報酬	トータルリターン	
			1年	3年（年率）
国内外の株式、債券を主な投資対象としたインデックス型投資信託。株式と債券の配分比率は、原則50%ずつ。	3940億円	0.495%	12.95%	12.75%

（2023年7月25日時点）

〈シミュレーション結果〉

つみたてNISA（→新NISAのつみたて投資枠）／月2万5000円を10年間積立。利回り3%の場合

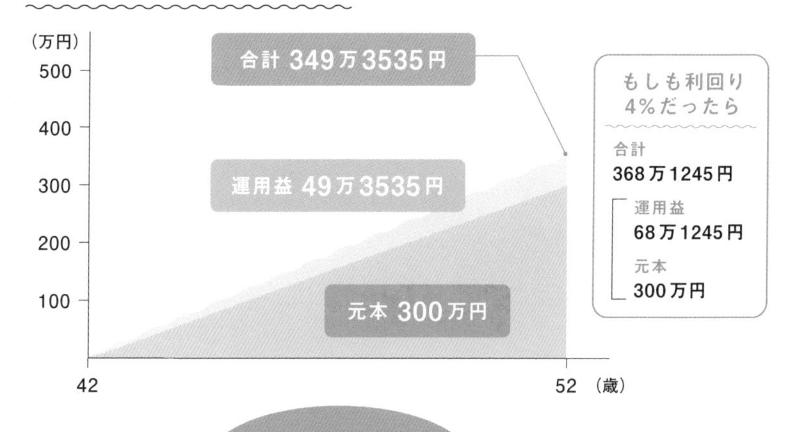

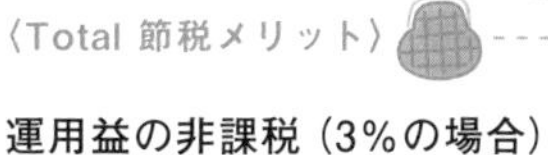

〈Total 節税メリット〉

運用益の非課税（3%の場合）　**10万26円**

「運用益の非課税」は、「運用益×20.315%」と仮定して試算。

95

投資プランの運用例③

〈老後資金へのスライドも可能〉

教育資金×つみたてNISA

DATA

・シミュレーションDをCHECK! ⇒P54

年間事業所得	現在の年間生活費
500万円	380万円

現在の貯蓄額
200万円

夫婦ともに自営業
（47歳）（48歳）

目標

子どもの大学進学資金として
11年後までに600万円を貯めたい

つみたてNISAで教育資金も老後資金も視野に入れる

現在6歳と3歳のお子さんの教育資金と老後の生活資金の両立が鍵。上のお子さんが17歳になる11年後までに600万円の貯蓄をめざすなら、つみたてNISAの標準運用（→P181）（期待利回り5%）で効率的に準備を。進学時に必要な分を現金化しつつ、残りは積立と運用を続けながら、老後資金へとスライドすることが可能です。万が一に備えた生命保険が不十分な場合は、貯蓄型保険、特に低解約返戻金型終身保険を組み合わせて運用してもよいでしょう。

〈投資プラン〉 

☑ つみたてNISA（→新NISAのつみたて投資枠）
月3万5000円

海外の株式を中心に投資するインデックス型の投資信託で、ある程度のリターンを狙います。

用語　「低解約返戻金型終身保険」とは、当初の解約返戻金を抑える代わりに払込期間が終了すると解約時にもらえる金額がぐんと大きくなる保険（終身払を除く）。貯蓄性があるため、教育費や老後資金などに活用できる。

おすすめ商品例

つみたてNISA

三菱UFJ国際ーeMAXIS Slim 全世界株式（オール・カントリー）

特徴	純資産総額	信託報酬	トータルリターン	
			1年	3年（年率）
全世界の株式に分散投資する投資信託。成長への期待と幅広い分散効果とのバランスがよい。	1兆3208億円	0.1133%以内	21.15％	22.55％

（2023年7月25日時点）

〈シミュレーション結果〉 

つみたてNISA（→新NISAのつみたて投資枠）／月3万5000円を11年間積立。利回り5%の場合

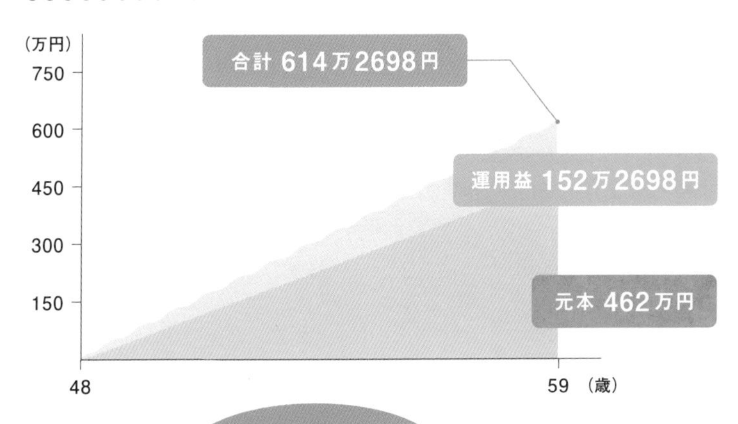

NISAなら、いつでも現金化できて安心！

〈Total 節税メリット〉 

運用益の非課税（5%の場合） **30万9336円**

「運用益の非課税」は、「運用益×20.315％」と仮定して試算。

投資プランの運用例④

老後の生活費×iDeCoついでにNISA

〈節税分でつみたてNISAに挑戦〉

DATA

シミュレーションFをCHECK! ⇒P58

手取り年収	現在の年間生活費
410万円	300万円

現在の貯蓄額
480万円

会社員（39歳）
子ども（6歳）

目標

投資の第一歩を踏み出して、
老後不安の解消をめざす

まずはリスクを抑えて、投資を始めてみよう

退職金で住宅ローンを完済してもリタイア後は貯蓄がどんどん目減りしていきます。今のうちに老後の生活費を準備しましょう。iDeCoは上限いっぱいの月2万3000円の掛金で年に約4万1400円の節税効果が見込めます。一方、この節税分をつみたてNISAでの運用に回すのはいかがでしょうか。

〈投資プラン〉 

☑ iDeCo　**月2万3000円**

60歳まで20年以上あるため、大きな成長期待が持てる株式に投資するアクティブ型の投資信託がおすすめ。

☑ つみたてNISA（→新NISAのつみたて投資枠）
月3000円

値動きがわかりやすい国内株式の投資信託のなかから、インデックス型をセレクト。

おすすめ商品例

iDeCo　**レオス ひふみ年金**

（2023年7月25日時点）

特徴	純資産総額	信託報酬	トータルリターン	
			1年	3年（年率）
国内の割安と考えられる株式を選んで投資。市場の状況に応じて株式比率を調整してくれるアクティブ型ファンド。	656億円	0.836%以内	18.05%	7.49%

つみたてNISA　**ニッセイーニッセイ日経225インデックスファンド**

特徴	純資産総額	信託報酬	トータルリターン	
			1年	3年（年率）
国内の上場株式に幅広く分散投資。日経平均株価がベンチマーク。手数料の安さが魅力。	2405億円	0.275%	28.17%	16.03%

〈シミュレーション結果〉

iDeCo／月2万3000円を21年間積立。利回り3%の場合

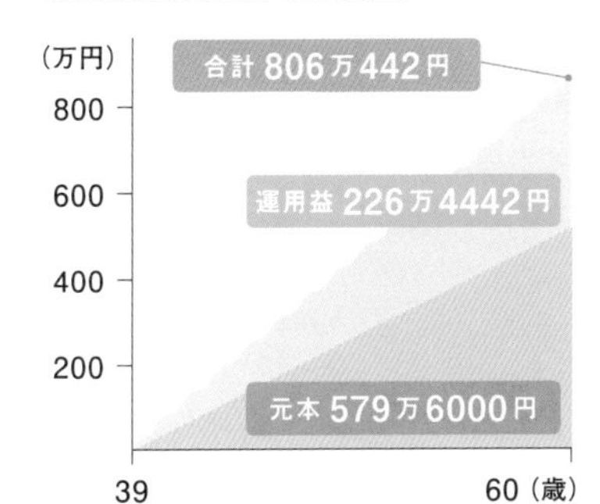

〈Total 節税メリット〉

所得税・住民税の節税額　**86万9400円**
（年4万1400円×21年）

運用益の非課税（3%の場合）　**46万21円**

つみたてNISA（→新NISAつみたて投資枠）／月3000円を21年間積立。利回り3%の場合

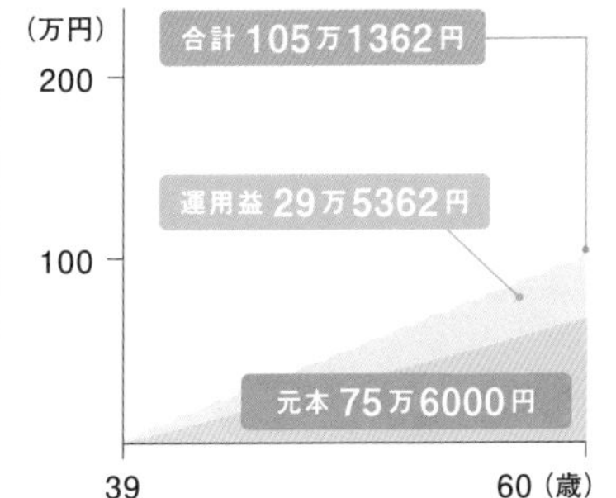

〈Total 節税メリット〉

運用益の非課税（3%の場合）　**6万2円**

「所得税・住民税の節税額」は、「掛金年額×15%（所得税5%＋住民税は一律10%が続くものと仮定）×積立年数」で試算。
「運用益の非課税」は、「運用益×20.315%」と仮定して試算。

97

投資プランの運用例⑤

〈将来の変化を見据えよう〉今後のための余裕資金×新NISA

DATA

「シミュレーション1」をCHECK! ⇒P64

手取り年収	現在の年間生活費
410万円	160万円

現在の貯蓄額
1000万円

公務員（45歳）

目標

年間50万～100万円を資産運用から得られるようにしたい

今から投資をスタートして、新NISA制度を味方につける

貯蓄はある一方、両親の介護や自分の介護など将来的な不安や変動要素は小さくありません。「お金にも働いてもらう」ことをしっかり意識しましょう。

将来的には年間50万～100万円を資産運用から得られるようになることを目標にすることでライフプランの変化にも柔軟に対応していけるはずです。

〈投資プラン〉

☑ つみたてNISA（→新NISAのつみたて投資枠）

月3万円

海外株式を中心とした投資信託で、積極運用（→P181）（期待利回り7%）をめざしながら運用に慣れていきましょう。

☑ （2024年～）新NISAの成長投資枠

500万円

平均約4%の利回りが期待できるJ-REITの個別銘柄を2～3つ選んで投資。慣れてきたら投資額を拡大します。

用語　「J-REIT」とは、「Real Estate Investment Trust」の略で、不動産投資を行う投資信託の一種。多くの投資家から集めた資金で、オフィスビルやマンションなどを購入・運用する。値動きも比較的安定している。

おすすめ商品例

つみたてNISA　三菱UFJ国際－eMAXIS Slim 米国株式 (S&P500)

特徴	純資産総額	信託報酬	トータルリターン	
			1年	3年（年率）
米国の株式に投資し、S&P500指数（配当込み、円換算ベース）に連動する投資成果をめざすインデックス型のファンド。	2兆4491億円	0.09372%以内	23.84％	26.29％

（2023年7月25日時点）

〈シミュレーション結果〉 

つみたてNISA（→新NISAのつみたて投資枠）／月3万円を15年間積立。利回り7%の場合

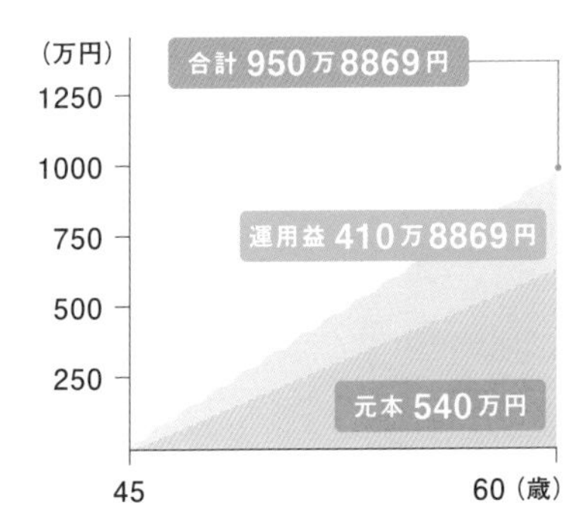

〈Total 節税メリット〉 

運用益の非課税（7%の場合） **83万4716円**

新NISAの成長投資枠／500万円を利回り4%で14年運用した場合

当初は年間20万円の運用益だが、複利効果で年数が経つほど年間の運用益も増えていく。

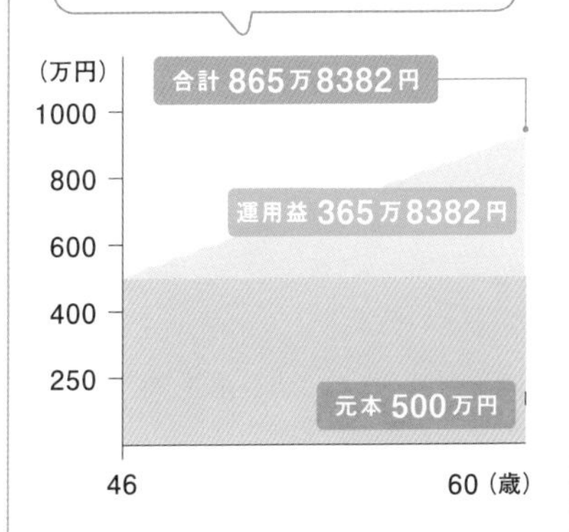

〈Total 節税メリット〉 

運用益の非課税（4%の場合） **74万3200円**

「運用益の非課税」は、「運用益×20.315％」と仮定して試算。

さくいん

>> さ

参考資料

iDeCo 公式サイト
https://www.ideco-koushiki.jp/
金融庁「NISA 特設ウェブサイト」
https://www.fsa.go.jp/policy/nisa2/index.html
金融庁「高校生向け授業動画・教員向け解説動画」
https://www.fsa.go.jp/ordinary/douga.html
金融広報中央委員会「知るぽると」
https://www.shiruporuto.jp/public/
財務省「個人向け国債」
https://www.mof.go.jp/jgbs/individual/kojinmuke/
全国銀行協会「自分で描く未来予想図 ライフプランシミュレーション
https://www.zenginkyo.or.jp/special/lps/
日本 FP 協会「わたしたちのくらしとお金」
https://www.jafp.or.jp/know/
日本年金機構
https://www.nenkin.go.jp/
日本年金機構「ねんきんネット」
https://www.nenkin.go.jp/n_net/index.html
SBI 証券
https://www.sbisec.co.jp
中央労働金庫「ろうきん iDeCo スペシャルサイト」
https://rokin-ideco.com/
マネックス証券「マネックス・ライフプランシミュレーション」
https://info.monex.co.jp/service/life-plan-simulator.html

著者

大竹のり子（おおたけ のりこ）

ファイナンシャルプランナー
株式会社エフピーウーマン代表取締役
金融専門書籍・雑誌の編集者を経て、2001年にファイナンシャルプランナーとして独立。2005年4月に「女性のためのお金の総合クリニック」株式会社エフピーウーマンを設立。『お金の教養スクール』の運営や講演、雑誌、テレビ・ラジオ出演などを通じて、正しいお金の知識を学ぶことの大切さを伝えている。

株式会社エフピーウーマン
https://www.fpwoman.co.jp/

編集協力　オフィス201、高野恵子
本文デザイン　伊藤 悠
イラスト　たかまつかなえ
校正　寺尾徳子、今井美穂
編集担当　梅津愛美（ナツメ出版企画）

本書に関するお問い合わせは、書名・発行日・該当ページを明記の上、下記のいずれかの方法にてお送りください。電話でのお問い合わせはお受けしておりません。
・ナツメ社 webサイトの問い合わせフォーム
https://www.natsume.co.jp/contact
・FAX（03-3291-1305）
・郵送（下記、ナツメ出版企画株式会社宛て）
なお、回答までに日にちをいただく場合があります。正誤のお問い合わせ以外の書籍内容に関する解説・個別の相談は行っておりません。あらかじめご了承ください。

老後不安を解消して、未来へ投資する！
ライフプランから考える　お金の増やし方

2023年10月6日　初版発行

著　者　大竹のり子
発行者　田村正隆

発行所　株式会社ナツメ社
東京都千代田区神田神保町1-52　ナツメ社ビル1F（〒101-0051）
電話　03（3291）1257（代表）　FAX　03（3291）5761
振替　00130-1-58661
制　作　ナツメ出版企画株式会社
東京都千代田区神田神保町1-52　ナツメ社ビル3F（〒101-0051）
電話　03（3295）3921（代表）
印刷所　ラン印刷社

ISBN978-4-8163-7436-4　Printed in Japan

〈定価はカバーに表示してあります〉
〈落丁・乱丁本はお取り替えいたします〉